땅끝에선 아이들

또 오겠습니다

땅끝에 선 아이들
또 오겠습니다

- 초판 1쇄 발행 2012년 8월 20일

- 지은이 강기호
- 펴낸이 정종현
- 펴낸곳 도서출판 누가

- 등록번호 제20-342호
- 등록일자 제2008. 8. 30
- 주소 서울시 강서구 염창동 282-19 현대아이파크상가 B 102호
- 전화 02-826-8802 팩스 02-826-8803

- 정가 11,000원
- ISBN 978-89-92735-72-8 03230

● 강기호 지음 ●

땅끝에선 아이들
또 오겠습니다

우리 학교에 편입하여 들어오는 학생들이 한결 같이 하는 말이 있다. "목사님 하루가 너무 빨리 가요. 일반학교 다닐 때는 학교 가는 것도 부담스럽고, 하루는 참 지루했는데 데오스에 온 이후로 하루가 너무 빨리 가요. 목사님! 학교가 너무 좋아요." 아이들의 진심어린 칭찬을 들을 때마다 대안학교 세우기를 참 잘 했다는 생각이 든다.

도서출판 누가

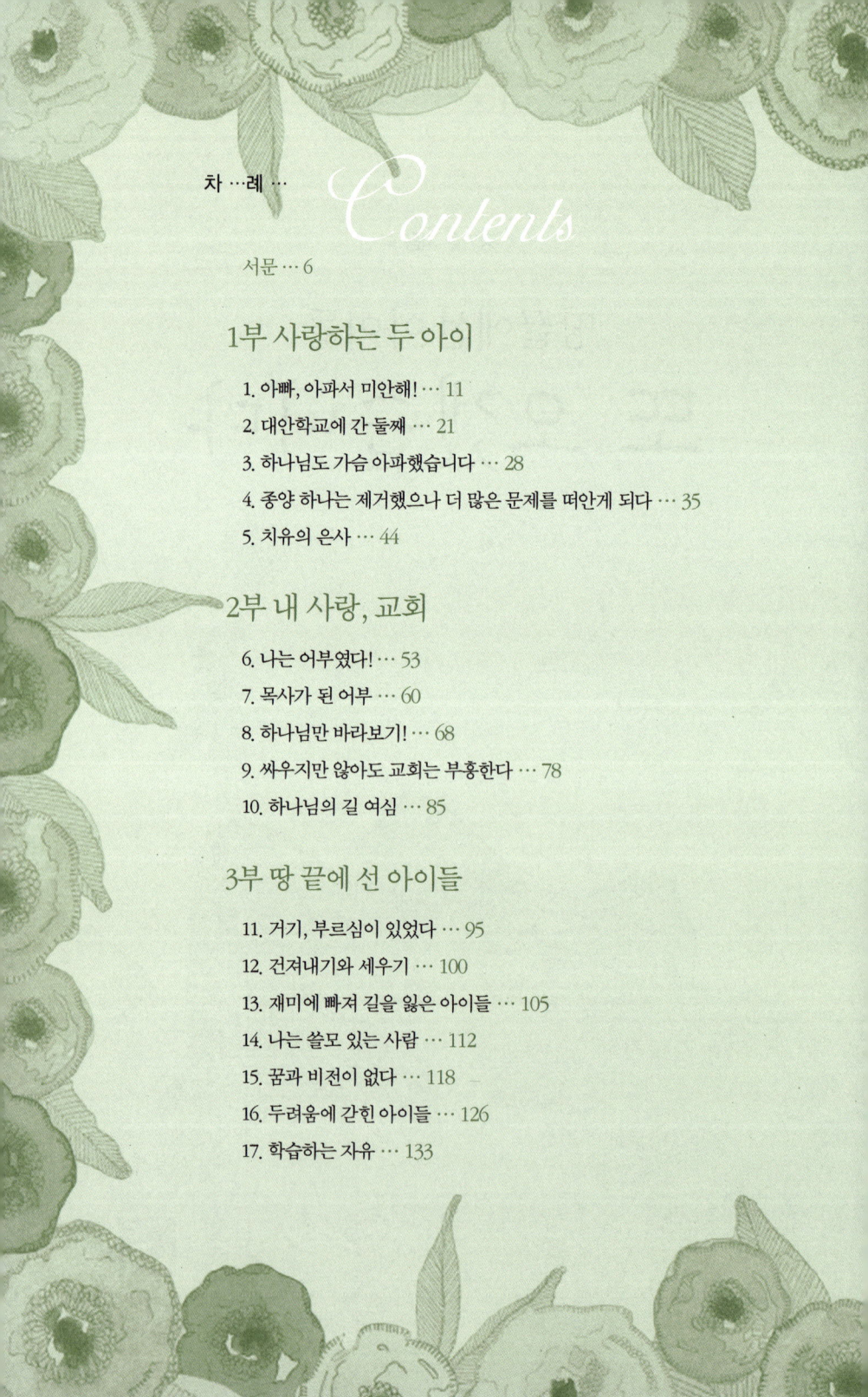

차 …례…

Contents

서문 … 6

1부 사랑하는 두 아이

1. 아빠, 아파서 미안해! … 11
2. 대안학교에 간 둘째 … 21
3. 하나님도 가슴 아파했습니다 … 28
4. 종양 하나는 제거했으나 더 많은 문제를 떠안게 되다 … 35
5. 치유의 은사 … 44

2부 내 사랑, 교회

6. 나는 어부였다! … 53
7. 목사가 된 어부 … 60
8. 하나님만 바라보기! … 68
9. 싸우지만 않아도 교회는 부흥한다 … 78
10. 하나님의 길 여심 … 85

3부 땅 끝에 선 아이들

11. 거기, 부르심이 있었다 … 95
12. 건져내기와 세우기 … 100
13. 재미에 빠져 길을 잃은 아이들 … 105
14. 나는 쓸모 있는 사람 … 112
15. 꿈과 비전이 없다 … 118
16. 두려움에 갇힌 아이들 … 126
17. 학습하는 자유 … 133

4부 땅 끝에서 만난 하나님의 은혜

18. 사랑으로 … 143
19. 아이들이 달라지는 변곡점 … 151
20. 하나님 체험 … 159
21. 지리산 버스사고 … 166
22. 학교 운영과 도움의 손길들 … 171

5부 훈련으로 완성되는 가정

23. 토마스 고든에게 배운 대화의 기술 … 181
24. 사랑의 불꽃 … 190
25. 아버지는 왜 있는 걸까? … 197

6부 새로운 세상을 꿈꾸며

26. 사랑의 사람 … 207
27. 나라 사랑하는 사람 … 215
28. 착한 여행 … 221
29. 우리 함께 가자 … 228
30. 나는 길가에 버려진 돌 … 238
31. 학교 교육의 새 지평 … 245
32. 기쁨으로 단을 거두리로다 … 256

박종순 목사님이 시무하시던 충신교회와 곽선희 목사님이 시무하시던 소망교회에서 부목사를 지냈다. 두 어른 밑에서 목회를 배운 것에 대해 나는 한없는 영광으로 생각한다. 두 분으로부터 배운 것도 많고, 받은 사랑도 많았다.

받은 사랑과 배움에 기초하여 얼마나 목회를 잘 하고 있느냐 하는 질문을 스스로 할 때마다 죄송하고 부끄럽지만 덕분에 행복하게 목회하고 있다.

다섯 살 때 처음 교회에 나갔고, 초등학교 4학년 때 목사가 되기로 결심했다. 중학교를 졸업한 후 집안 형편이 어려워서 고등학교 진학을 하지 못했으나 나이 스물이 되어 공부를 시작하여 신학대학을 졸업했다. 그리고 목회자가 되어 오늘에 이르게 되었는데 지금까지 나의 삶은 사명이 이끌어왔다고 말할 수 있다.

사명, 하나님의 비전이 나를 이끌어 여기에 이르게 했다. 하나님의 비전이 나를 어떻게 이끌어 왔는지 말씀드리기 위해 이 책을 썼다.

이 책에는 두 아이를 낳아 기르면서 겪었던 이야기, 교회를 개척하여 터를 잡고 사랑 가득한 공동체를 만들게 된 이야기, 그리고 대안학교를 세워 청소년들을 지도하면서 받은 은혜 등이 소개되어 있다. 특별히 청소년들을 돌보면서 체험한 이야기를 많이 소개했는데 이 글이 자녀들을 기르는 부모, 청소년들을 돌보는 지도자들에게 도움이 되기를 바란다.

우리 학교에 편입하여 들어오는 학생들이 한결 같이 하는 말이 있다. "목사님 하루가 너무 빨리 가요. 일반학교 다닐 때는 학교 가는 것도 부담스럽고, 하루는 참 지루했는데 데오스에 온 이후로 하루가 너무 빨리 가요. 목사님! 학교가 너무 좋아요." 아이들의 진심어린 칭찬을 들을 때마다 대안학교 세우기를 참 잘 했다는 생각이 든다.

우리 학교가 이미 졸업한 학생들과 재학생들, 그리고 앞으로 입학할 학생들 모두에게 소망의 언덕이 되기를 바라는 마음 간절하다.

함께 기도하며 대안학교를 세운 가로세로 한의원 이경희 원장과 시작부터 험한 일을 많이 겪으면서도 지금까지 동행해준 김재석, 허양회 선생님께 감사드린다. 학교를 시작할 때 식당이 따로 준비되지 않아서 매끼 음식을 준비하느라 수고를 많이 한 아내에게도 이 지면을 통해 고마운 마음을 전한다.

자신의 이야기를 기꺼이 고백해준 학생들과 선생님들, 초고를 미리 읽은 후 여러 가지 조언을 해준 이옥준 권사님과 강영길 선생님, 그리고 사랑하는 드림교회 성도들과 좋은 동역자가 되어 준 데오스 학부모님들, 바쁜 와중에도 책 출판을 위해 기꺼이 수고해주신 도서출판 누가의 정종현 목사님께도 감사드린다.

이 책이 자녀교육문제로 고민하는 많은 부모들에게 조금이라도 위로가 되고, 도움이 되었으면 좋겠다.

2012년 7월

강기호

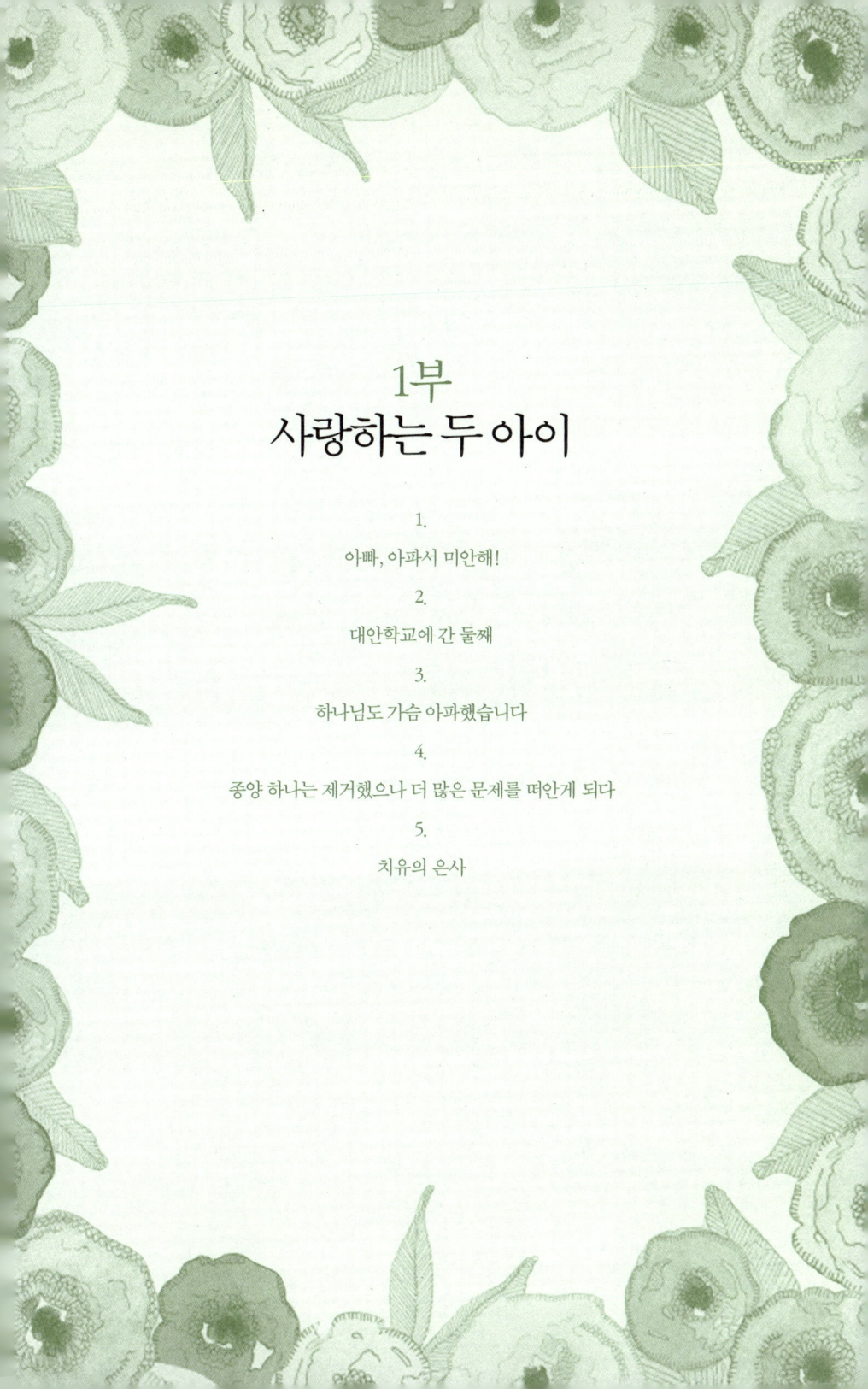

1부
사랑하는 두 아이

1.

아빠, 아파서 미안해!

2.

대안학교에 간 둘째

3.

하나님도 가슴 아파했습니다

4.

종양 하나는 제거했으나 더 많은 문제를 떠안게 되다

5.

치유의 은사

1

아빠, 아파서 미안해!

어느 날 첫째 아이 담임교사로부터 아이가 친구와 싸웠으니 상대편 부모로부터 연락이 오면 합의를 하라는 연락을 받았다. 평소 남을 때린 적이 없는 우리 아이가 누군가와 싸웠다는 것이 의아했다. 그래서 둘이 치고 받고 싸운 것인지 아니면 우리 아이가 맞은 것인지 물었더니 맞은 것이라 했다. 지나가며 웃는 것이 기분 나쁘다는 이유로 같은 반 남자 아이가 뒤에서 머리를 때렸는데 아무런 방어도 하지 못한 채 바닥에 나동그라진 것이다. 안경이 깨지고 약간의 찰과상을 입은 상태이니 연락이 오면 합의하고, 배상을 받으라 했다. 합의하라는 말이 받아들이기 어색하고 낯설었다. 집에 돌아온 아이로부터 들은 이야기는 담임교사가 말해준 것과 비슷했다. 지나가는데 뒤에 있던 학생이 주먹으로 뒷머리를 때려서 쓰러졌고, 그때 안경이 깨진 것이었다. 가해 학생 어머니가 아이를 데리고 가서 안경을 새로 맞춰주고 돌아갔다.

그런데 밤이 깊어지면서 아이가 토하기 시작했다. 머리에 뭔가 문제가 생겼다는 것을 직감했다. 다음 날 오후 병원에 가 CT를 촬영했는데 상황이 매우 심각했다. 불길한 예감은 현실이 되어 수술을 하게 되고, 이로 인해 우리 가족은 오랜 기간 어려움을 겪게 되었다. 참으로 오묘한 것은 그 아이에게 맞은 타이밍이다. 만약 뇌종양이 있다는 것을 더 일찍 알았다면 수술을 더 어린 나이에 했을 것이고, 그것은 우리 아이 인생에 치명타가 될 가능성이 높고, 어른이 된 다음에 수술을 받았더라면 결과를 장담할 수 없는 일이었다. 맞은 것은 불쾌한 일이었지만, 하나님은 그 모든 것을 합력하여 선을 이루어주셨다.

우리 큰 아이는 나를 '곰'이라 부르는데, 어떨 때는 베어라고 부르기도 한다. 나를 아는 사람들은 이 별명에 의아해할 것이다. 나는 곰처럼 두리뭉실한 외모를 가졌다기보다는 약간 날카롭게 생겨서 곰같이 생겼다는 표현은 어울리지 않기 때문이다. 그런 나에게 큰 아이가 곰이라 부르니 어떤 때는 기분이 약간 나쁘기도 하다. 아들 녀석이 하대하듯 '곰'이라 부르기 때문이다. 그렇게 부르게 된 데는 사연이 있다.

학교에서 맞은 사건이 있은 후 세브란스병원에서 MRI를 찍었는데 두개인두종이라는 뇌종양이 발견되었다. 사람의 뇌에는 두 개의 물 두멍이 있고, 그것이 하나로 만나 척수가 된다. 뇌에서 두 개의 물줄기가 만나는 지점에 생기는 이 종양은 풍선처럼 커지면서 물길을 막아버린다. 풍선처럼 커지는 특성이 있는 이 종양은 시신경을 끊어

맹인이 되게도 하고, 끝내 숨통을 조여 사람을 죽게 만드는 병이다. 꽤 큰 물두멍이 만들어졌지만 안정적인 상태를 유지하고 있었는데 머리통을 심하게 맞자 잔잔한 호수 같았던 물이 출렁이기 시작한 것이다. 이로 인해 아이는 계속 토하고, 안정을 찾지 못했기 때문에 급히 수술을 하게 되었다.

담당 의사선생님께서 머리를 자르고 들어가는 것보다 감마나이프(광선 칼)로 수술을 해보자고 제안했다. 그러려면 1차로 머리 위쪽에서 구멍을 내고, 고인 물을 퍼내야 한다고 했다. 그 후 물이 마르면 감마나이프로 잘라내고, 물이 마르지 않으면 다른 방법으로 수술을 해야 한다고 설명했다. 나는 머리를 절개하지 않고, 감마나이프로 하는 시술이 매우 발전된 기술처럼 느껴져서 기대감을 갖고 1차 수술에 동의했다. 수술을 마친 후 퇴원하여 2차 수술을 하기로 약속한 날 물이 고여 있지 않기를 고대하며 다시 병원에 갔으나 현실은 그 반대였다. 감마나이프로 수술하기 어렵게 되자 어떤 일정도 잡지 못한 채 집으로 돌아와야 했다.

무더위가 한창 열기를 더해가던 6월 어느 날 오후 아이로부터 다급한 전화가 걸려왔다. 하교 길에 쓰러졌으니 빨리 와달라는 전화였다. 쓰러져 있다는 장소로 급히 갔더니 아이는 이미 거기 없었다. 경련이 심하게 일어나 생 똥을 싸면서 길가에 쓰러졌다가 다행히 일어나 집으로 간 다음이었다. 집으로 달려 가보니 혼자 씻고 옷을 갈아입고 있었다. 마음이 너무 좋지 않았다. 안 되겠다 싶어 소아과의사인 백병원 부원장 김상우 박사에게 전화를 했다. 자세한 설명을 들더니 서울대병원 조병규 교수에게 가는 게 좋겠다고 추천해주었다.

그 분도 간 이식을 받아 이제 막 병원에 출근하기 시작한 상황이어서 선뜻 수술을 집도하겠다는 약속을 하지 못했다. 간곡한 설득 끝에 조 교수의 집도로 11시간에 걸친 수술을 받게 되었다. 6시간 정도 걸릴 것이라 했는데 막상 수술이 시작되자 시간은 계속 늘어났다. 수술실 앞에서 기다리고 있던 아내는 거의 초죽음이 되었다.

수술이 끝나자 CT를 찍기 위해 수술실에서 촬영실까지 그야말로 총알처럼 침대를 밀고 달렸다. 다행히 수술의 뒤끝이 좋아 별다른 이상이 없었다. 아이의 침대를 밀어 중환자실로 갔다. 긴 시간 수술을 해서 그런 것인지, 뇌수술이어서 그랬는지 수술을 한 다음 3일간 의식이 돌아오지 않았다. 후에 들은 이야기는 수술 중에 마취에서 깨어나 다시 마취를 했다 하는데 그것도 영향을 주지 않았나 싶다. 하여튼 3일 만에 겨우 의식이 돌아왔는데 그 3일 동안 얼마나 간절하게 깨어나기를 기도했는지 모른다.

가래로 인해 말도 제대로 못했지만, 듣는 데는 문제가 없었던 아이에게 수술이 잘 되었다고 말해주었다. 아이를 격려하기 위한 말이었다. 그러자 중학교 3학년이었던 우리 첫째가 손으로 브이 자를 만들어 흔들며 다시 잠에 빠져들었다. 우리는 중환자실에서 나와야 했고, 아이는 얇은 천 하나를 이불삼아 2주 가까이 홀로 중환자실에 격리되어 있었다. 그 춥고 외로운 공간에서 어떻게 견뎠는지 물었더니 의식이 돌아올 때는 노래를 부르며 지냈다 했다. 그 때 우리 아이가 부른 노래다.

곰 세 마리가 한 집에 있어

엄마 곰, 아빠 곰, 아기 곰

아빠 곰은 뚱뚱해

엄마 곰은 날씬해

아기 곰은 너무 귀여워

으쓱으쓱 잘 한다.

중환자실에 홀로 누워 그 고독한 시간을 보낼 때 우리 첫째가 부른 노래 속에서라도 친구가 되어줄 수 있었던 것에 감사하며 나는 기꺼이 곰으로 불리고 있다.

아직 중환자실에 누워있을 때 면회시간이 되어 아이가 누워있는 침대로 갔다. 의식이 돌아와 너무 다행이다 싶었던 때라 반갑게 손을 잡고 괜찮은지 물었다. 아이는 묻는 말에는 대답을 하지 않고 "아빠, 아파서 미안해!"라고 말하는 것이었다. 순간 무슨 말을 해야 할지 할 말을 잃어버렸다. 내가 녀석에게 아픈 것에 대해 뭐라고 한 마디 한 적도 없고, 경제적인 이유를 들어 불평한 적도 한 번 없는데 아이는 아파서 미안하다고 했다. 아빠에게 수고롭게 한다고 느껴서 좋은 의도로 한 말이었지만, 내게는 매우 아프게 들렸다.

그 때 어떤 때는 사랑하는 사람에게 "미안하다"고 말하면 안 된다는 것을 깨달았다. "아파서 미안하다"고 말하는 아이의 말에 평소에 내가 어떻게 했기에 우리 아이가 저런 말을 하나 싶어서 한참동안 말을 이을 수가 없었다. 평소 사랑하는 사람들이 "미안해"라고 말하는 것은 참 좋은 습관이다. 그러나 어떤 때는 그런 말을 하면 안 된다. 듣는 사람으로 하여금 내가 뭘 서운하게 해서 저런 말을 하나 싶어 어찌할 바를 모르게 만들기 때문이다.

수술 일정이 잡히자, 아이를 데리고 소아과 병동 1층에 있는 이발소를 찾아갔다. 행여 우울해 하지 않을까 염려하면서 머리를 밀었는데 다행히 그다지 슬퍼하지 않고 담담하게 받아들였다. 다행이다 싶어 격려하고 집으로 돌아오는데 문자가 들어왔다. 수술을 앞두고 있던 첫째 아이가 보낸 문자에는 이런 성경구절이 쓰여 있었다.

"이는 내게 사는 것이 그리스도니 죽는 것도 유익함이라"

표현은 하지 않았지만 아이는 이미 죽음을 염두에 두고 있었던 것이다. 하긴 수술 전에 한 행동은 그런 마음을 드러낸 셈이었다. 그동안 모았던 재산을 정리해보니 총액 15만 원이었다. 그 중에 삼분의 일인 5만 원은 동생네 학교 건물 구입하는 데 헌금하고, 나머지 10만 원은 교회 건축헌금이라며 하나님께 드리는 의식을 행했다. 그때만 해도 큰 수술하러 들어가는 아이라고 생각하기 어려울 만큼 담담했었는데 "죽는 것도 유익하다"는 문자를 받자 마음이 괴로웠다.

차를 돌려 다시 병원으로 갔다. 그리고 죽는 것이 아니라 수술을 하는 것이고, 앞으로 어떤 일을 만날지 모르지만 죽지는 않을 것이라고 말해 주었다. 힘들기는 하겠지만 하나님을 믿는 사람답게 병과 싸우자고 권면했다. 어려운 이야기인데 아이는 참 잘 받아들여주었다. 그런 과정을 겪으면서 아이가 잘 커주었다 싶어 고맙기도 했다.

밤이 깊어가자 조병규 교수가 레지던트로 보이는 여의사 한 명을 데리고 병실로 들어와 수술과 관련된 설명을 했다.

머리 부분을 자르고 들어갈 것인데 이마에는 비스켓만한 통로를 만들어 내부로 들어가 수술을 하게 된다고 했다. 듣고 있던 그 의과 대학생이 갑자기 튀어 나가더니 매직펜을 가지고 들어왔다. 망설임 없이 아이 머리에 점선을 그어 표시를 하기 시작했다.

그때까지만 해도 감정의 동요를 보이지 않고 잘 견디던 우리 아이가 울기 시작했다. 아이가 울기 시작하면서 이 수술에 대한 불길한 느낌이 밀려들었다.

아직도 그 여의사가 꼭 그렇게 했어야 했는지 의문이다. 마취한 다음에 표시해도 충분했을 텐데… 그래서 그런지 나는 그 여의사처럼 생긴 여자를 보면 미운 마음이 생긴다. 괜한 투사인 것을 나도 잘 알고 있지만 그때 가졌던 서운한 마음은 세월이 지나도 잘 씻어지지 않는다.

수술이 끝나면 곧 퇴원하고, 얼마 지나지 않아서는 학교를 다니게 될 것이라 예상했던 것은 참 미련한 생각이었다. 수술을 받고 나면 기능이 80%정도 밖에 안 될 것이라 했는데 그 말을 듣기는 했지만 알아듣지 못했다. 수술을 마친 후 여러 가지 문제가 발생하자 비로소 그 말의 뜻을 알게 되었다.

일반병실로 돌아온 후 이마에 야구공 만한 혹이 불거져 나왔다. 담당의사는 "혹이 자연스럽게 잦아들지 않으면 다시 수술을 해야 하는데 그러면 정상적인 생활은 불가능할 것"이라며 크게 걱정을 했다.

1. 아빠, 아파서 미안해!

어떻게 해야 하느냐고, 지금 무슨 일을 해야 하느냐고 물었더니 "아이를 데리고 매일 만보씩 걸으며 운동을 할 것과 하늘의 도움을 구하라"고 했다.

병실에 드나들면서 필요한 물건을 파는 아저씨를 통해 만보기를 하나 사 허리춤에 차고, 뇌수술로 인해 계속 잠에 빠져드는 아이를 어깨에 메고 걷기 시작했다. 서울대병원 앞에 자그마한 공원이 있고, 공원을 지나 건물 뒤쪽으로 내려가면 둥그런 화단이 하나 있었다. 그곳을 한 바퀴 돌면 백보쯤 되었는데 그곳을 매일 100번씩 돌았다. 혼수상태나 다를 바 없는 우리 아이는 걷는 게 힘들어서 그랬는지 전에 들어보지 못했던 욕을 해댔다. 아이를 어깨에 메고 백 바퀴씩 도는 동안 욕 참 많이 얻어먹었다.

상황이 다급해 주변 사람들에게 중보기도를 부탁했다. 다른 어떤 길도 찾을 수 없는 막다른 골목이었기에 여기저기에 기도부탁을 했는데 참 놀라운 일이 일어났다. 이마에 야구공 만하게 튀어나와 있던 물혹이 점점 자취를 감추기 시작하더니 담당의사가 예고한 날이 되자 흔적도 없이 사라졌다. 놀라운 하나님의 은혜요, 막강한 중보기도 덕분이었다.

또 하나의 문제가 계속 우리를 괴롭히고 있었다. 체온이 내려가지 않아 퇴원이 계속 미뤄졌다. 어쩔 수 없이 병원에 계속 머물러 있어야 했는데 좀 여유가 생기니 어린이병동에 입원해 있는 다양한 사람들이 보였다. 중환자실에서 있는 아이가 의식이 돌아오지 않아 애를 태우며 기다리는 엄마도 있었고, 초등학교 4학년 아이인데 10번의 수술로 정상적인 생활이 어려운 아이도 있었다. 또 아이가 병들자

생업을 포기하고 아이를 돌보는 데 모든 것을 걸고 있는 엄마도 있었다. 그 분은 가진 돈이 없었으므로 퇴원하는 사람들로부터 물건을 얻어 사용하며 병실생활을 하루하루 버티고 있었다.

어떤 아이는 석유난로에다 코를 대고 추운 겨울을 보내곤 했는데 그것이 원인이 되어 혈관이 확장되어 수축되지 않는 병을 얻었다. 병원생활을 하는 다양한 아이들을 바라보면서 마음은 아팠지만 어떤 도움도 줄 수 없는 한계 앞에서 인간의 무능함을 절감했다.

수술 후, 한 가지 회개한 것이 있었다. 평소 시험을 보면 첫 날에는 성적이 95점 이상인데 다음 날에는 90점대로 내려앉았고, 마지막 날에는 80점대의 점수를 얻기도 했다. 과목과 상관없이 항상 비슷한 패턴으로 성적이 나와 항상성이 있게 시험을 봐야지 왜 집중하지 못하느냐고 꾸짖었다. 그런데 수술을 하고 나서 보니 그것은 당연한 일이었다. 뇌가 피로감을 감당하지 못해 능력을 발휘하지 못한 것은 아이의 잘못이 아니었다. 꾸중들을 일이 아니라, 도리어 따뜻한 돌봄을 받아야 할 일이었는데 나는 그렇게 하지 못했다. 무식이 죄다 싶어 그렇게 한 것에 대해 회개했다.

수술을 끝낸 후, 해외 학회에 다녀오신 조 교수를 병원 복도에서 만났다. 운동을 시키느라 밖에서 매일 만보씩 걷고 있던 때였는데 아직 퇴원을 안 했느냐며 놀라는 것이었다. 아직 못하고 있다고 하니 옆에 있던 의사들에게 왜 차트가 없느냐고 물었다. 학회 가시는 동안 다른 의사가 보느라 빼놓았다고 하자 빨리 되돌려놓으라고 지시하더니 아이에게 이런 이야기를 해주었다.

"병의 상황을 가장 잘 아는 사람은 환자와 보호자들이다. 의사선

1. 아빠, 아파서 미안해!

생님이 처방해준다고 약을 다 먹어야 하는 것은 아니니까 상황을 보면서 약을 먹어야 한다."

병과 창의적으로 싸워야한다는 이야기였다. 본인도 간암을 앓다가 이식을 받고, 건강을 회복한 분이어서 그랬는지 지혜롭게 병을 다뤄야 한다며 따뜻하게 말해주었다. 그 몇 마디의 말이 병원에 입원해서 받았던 많은 상처들을 한 번에 씻어주는 것 같았다.

체온이 하루에도 36도에서 39도 사이를 오르내리는 바람에 퇴원을 하지 못하다가 결국 집으로 돌아와야 했다. 그리고 난방도 하지 못한 채, 두 번의 겨울을 지냈다. 아이는 신체 부위마다 온도가 달라서 샤워를 할 때면 매우 힘들어했다. 그러나 달리 어찌할 방도가 없었다. 그 때 이불을 덮고 잘 수 있다는 것, 난방을 한 따뜻한 방에서 온 가족이 다함께 잠을 잘 수 있다는 것이 얼마나 감사한 일인지 새삼 깨닫게 되었다. 마치 아무런 일도 없는 것처럼 일상을 지낼 수 있는 것이 기적이라 생각했다.

2.

대안학교에 간 둘째

첫째 아이가 압구정초등학교에 입학했을 때, 우리는 꽤 으쓱해진 기분으로 다른 학부모의 전화를 받았다. 대부분의 전화는 알림장의 내용이 무엇인지 묻는 것이었다. 높아진 자만심(?)으로 알림장 내용을 알려드렸는데 그런 입장이 뒤바뀌는 데는 시간이 얼마 걸리지 않았다. 둘째가 초등학교에 입학하자 이제 우리가 전화를 걸어 알림장 내용이 무엇인지 물어봐야 했다. 참 초라해지는 순간이었다.

우리 둘째는 선생님이 요구하신 것을 챙겨가야 했는데 알림장 내용도 모르는 경우가 많았을 뿐 아니라, 알고 있는 경우에도 준비물을 챙기지 않았다. 자연히 무시당하기 일쑤였다. 한 번은 알고 지내던 분의 따님과 우리 아이가 짝이 되었다. 나는 그 아이 엄마에게 우리 둘째의 약점을 좀 챙겨달라는 부탁을 했다.

"얘! 너 짝 좀 잘 돌봐줘라. 준비물 같은 것, 못 챙겨 오면 나눠서 좀 써"

"응 엄마! 그렇지 않아도 그러려고 하는데 문제는 그 아이가 결정적으로 중요한 것을 안 가져와!"

"결정적인 것이라니?"

"응, 책가방이랑 책이랑 공책 같은 거"

그것만이 아니었다. 어떤 때는 학교 가다가 길거리에 관심을 끄는 것이 있으면 학교 가는 것을 잊어버렸다. 자연히 지각이 잦았고, 벌을 서는 일도 많았다. 친구들로부터 따돌림을 당하는 것은 불 보듯 빤한 일이었다. 숙제를 안 해 가지고 가는 경우도 비일비재했고, 수업시간에 혼자 돌아다니기도 했으니 학업에 진보가 있을 리 없었다.

내 서재에 들어와 온갖 종류의 유머 책을 읽으면서 낄낄거리며 뒹구는 것을 낙으로 삼고 살았다. 그런 우리 둘째를 나는 비난하지 않았다. 늦되는 아이도 있으니 기다리기로 했다. 초등학교를 졸업할 무렵 우리 아이를 일반 중학교에 보내는 것은 좋은 선택이 아니라는 것을 알았다.

그래서 선택한 것이 대안학교다. 불합격될 수도 있다는 여러 번의 경고를 들으면서 대안학교에 지원했는데 다행히 붙어서 중학생이 되었다. 초등학교시절 학업이 미진했으므로 대안학교에서도 학업에 어려움을 겪으리라 예상은 했지만 상황은 그 보다 훨씬 심각했다.

초등학생 때 차근하게 공부를 하지 않았으므로 기초가 부실했다. 수업에 집중하는 것은 여전히 어려웠다. 견디다 못하던 학교 관리자가 ADHD(Attention Deficit Hyperactivity Disorder, 주의력결핍 과잉행동장애) 검사를 받아보라고 했다. 그렇게 말하는 교사의 심정은 이해되었으나, 그게 무슨 의미가 있겠나 싶어서 받아들이지는 않았다. 검사를 받아서 ADHD라는 도장을 받은들 개선될 것은 없어 보였기 때문이었다.

그때 내가 한 일은 검사를 받는 대신 아이를 격려한 것이었다.

"하나님이 널 사랑하신다. 너는 쓸모가 있어서 이 세상에 와있다. 하나님이 널 사랑하시니 걱정할 것 없다. 또 아빠가 있다. 아빠는 네가 어떤 사람이든지, 공부를 잘 하든지 못하든지 상관없이 너를 사랑한다. 염려하지 마라."

아이를 격려하고 사랑으로 품었다. 그렇다고 당장 성적이 좋아지지는 않았지만 아이와 좋은 관계를 유지했고, 정서적 안정이라는 선물을 받았다.

학교 가기가 정말 싫었던 우리 둘째가 등교하려다 멈춰 서서는 말을 걸어왔다.

"아빠! 나 학교 가기 싫어!"

"그래, 학교 가기가 싫은 거로구나!"

"응 학교 가기 싫어. 공부도 싫고, 친구들도 무서워"

"그렇구나. 공부도 싫고, 친구들도 무서운 거로구나."

잠시 말을 잇지 못하고 멈춰서 있던 아이는 이렇게 말했다.

"그래도 학교는 가야지 급식은 주잖아!"

공부도 못하고, 친구들과 관계도 잘 맺지 못하니 학교 가는 것이 얼마나 부담스러울까 짐작이 되어 아이의 마음을 공감했더니 스스로 가방을 챙겨 학교에 갔다.

학교가 우리 아이를 위해 있는 것이지, 우리 아이가 학교를 위해 존재하는 것은 아니라는 확신을 갖고 있다. 진심으로 우리 아이를 공감하고 격려한 덕분에 학교생활은 힘들었지만, 나와 우리 둘째와의 사이는 참 좋았다. 아이는 공감해주는 나를 사랑했고, 나는 둘째를 사랑했다. 나는 고슴도치 아빠였다.

둘째가 다니는 중학교에서 연락이 왔다. 사교육을 하지 않기로 서약하고 지원한 대안학교였는데 아이를 학원에 보내서 영어공부 좀 시키라는 것이었다. 영어회화 시간이 있는데 수업 시간 내내 한 마디도 안 하고 한 학기를 보낸다고 했다. 선생님이 오죽 답답했으면 그러실까 싶어서 학원에 보내는 대신 중 1 여름방학 때 뉴욕에 보냈다. 한 달쯤 지내다 오면 영어공부를 해야겠다는 자극을 받을 거라 믿었던 것이다. 한 달간의 일정을 마치고 귀국한 아이와 나눈 대화다.

"그래 어떻게 지냈니?"

"아이 참 불편하데"

"뭐가?"

"전부 영어데"

"그래? 그럼 너는 어떻게 할 생각이니?"

"응 그래서 나는 앞으로 미국 놈들 안 만나며 살려고!"

생각해보면 대단한 우리 둘째였다. 그렇게 영어를 못하던 녀석이 대학에 가서 교양영어를 A학점 받아왔다. 공부는 속단할 일이 아니었다.

이런 일도 있었다. 우리 아이가 다닌 대안학교는 태도 50, 공부한 내용을 근거로 한 지필고사 50, 이렇게 해서 100점을 주면서 평균 70점이 넘지 않으면 유급을 시켰다. 1학년 기말시험이 시작되기 전부터 학교에서 연락이 왔다. 아이가 유급될 가능성이 있으니까 미리 미리 준비하라는 경고성 전화였다.

아내는 아이를 붙들고 기말고사 준비를 하느라 애를 먹고 있었다. 시험이 시작되었고, 매일 얻은 점수를 계산하며 시험기간을 보내고 있었다. 마지막 시험이 있기 전날 학교에서 또 전화가 왔다. 유급될 가능성이 높으니까 그리 알고 준비하고 있을 것과 그래도 최선을 다 해달라는 부탁이었다. 첫째 아이까지 합세해서 둘째의 시험공부를 도왔다. 마지막 시험을 보고 온 날 저녁 8시쯤 되었을 때, 학교에서 연락이 왔다. 70.09로 통과했다는 축하(?) 전화였다.

둘째는 고시에 붙은 것처럼 기뻐하더니 합격 파티를 하자고 제안했다. 기쁘기는 했지만 그렇다고 파티까지 열 상황은 아니었는데 우리 둘째는 끈덕지게 파티를 하자고 조르는 것이었다. 나는 쓸데없는 소리 하지 말라고 핀잔을 주면서 그날 저녁을 뭉개고 있었는데 놀랍게도 9시 반쯤 되었을 때 초인종 누르는 소리가 들렸다. 나가봤더니 집사님 한 분이 마트에 갔다가 대게가 있어서 샀다면서 가져왔다.

그런 일은 그 전에도 없었고, 그 후에도 없었는데 참 신기했다. 둘째의 소원대로 우리는 파티를 했다. 어떻게 그 밤에 게 파티를 열게 하시는지 참 놀라웠다. 하나님이 우리 둘째를 사랑하고 계신다고 느껴졌다. 우리 둘째는 부족한 것이 많은 아이였지만, 하나님은 우리 아이를 나 보다 더 사랑하셨다.

중학교를 마치고 고등학교에 진학해야 할 때가 되자 나는 둘째를 설득하여(?) 교회가 설립한 데오스 학교에 입학시키려고 했으나 아이는 선뜻 결정을 내리지 못했다. 중학교에서 자리도 잡았고, 친구들로부터 인정도 받게 되었는데 학생이라고는 두 명밖에 없는 신설 학교에 오라고 하자 매우 망설였다. 겨우 설득하여 우리 학교로 데려왔다.

우리 학교는 학원 교사 출신 절반, 사범대를 갓 졸업한 교사 절반으로 구성되어 있었는데 경력 있는 교사들이 학생들을 가르치자 학생들의 성적이 놀랍게 좋아졌다. 우리 둘째 아이도 그 중 한 명이었다. 무엇이 우리 아이를 달라지게 했는지 본인의 이야기다.

"데오스에서의 공부는 이전 학교에서 공부한 것과 달랐다. 선생님들은 내가 좀 더 공부를 잘 할 수 있도록 나의 실력을 끌어올려주었다. 국어와 수학, 영어, 사회를 가르쳐 주시던 선생님들의 노하우는 여태까지 배웠던 교사들이나, 다른 인터넷 강의와도 달랐다. 선생님들은 학생을 배려해주었고, 학생의 실력에 맞추어서 커리큘럼을 짜 오셨다. 내가 데오스에 처음 들어와서 보았던 3월 모의고사와 2년을 공부한 후에 보았던 수능 성적은 정말로 천지 차이였다."

성적이 좋아진 것은 우리 아이만의 일이 아니었다. 학생들의 실력이 전반적으로 향상되었다.

교육은 교사에게 달려 있다. 그래서 경험 있는 좋은 교사들을 모셔오느라 공을 들였다. 국어 전문 학원 원장을 국어강사로 초빙하고, 학원 강사였던 분을 수학교사로 모셔왔다. 영어교사는 학원에서 오랜 기간 강의를 하신 분을 채용했고, 사회 역시 학원 강사로 일하고 있는 분을 모셔왔다. 학교 공부를 한 후, 다시 학원으로 갈 필요가 없도록 준비했다. 결과는 학생들의 성적으로 나타나 점수가 수직으로 상승했다.

이 세상에는 다양한 아이들이 존재하고, 아이들이 성장하는 과정도 저마다 다르다. 어떤 아이는 특목고에 가야 하고, 어떤 아이는 일반학교에 다녀도 된다. 어떤 아이들은 대안학교에 보내야 한다. 우리 둘째는 일반학교에서 성장했다면 사람구실하기 어려웠을 것이다. 중, 고등학교를 대안학교에서 보내면서 잠재된 능력을 발휘할 수 있는 소중한 기회를 얻었다.

아이들을 획일적인 잣대로 재단하지 않도록 주의할 일이다. 모자라면 늘리고, 길면 잘라버렸던 프로쿠로스테스의 침대 같은 방식으로 학생을 대하지 않도록 주의해야 한다. 평가하거나, 비난하지 않고 사랑으로 기다리면 아이들은 언젠가 잠재된 능력을 발휘한다. 그때까지 사랑으로 기다려야 한다. 아이들은 사랑을 먹고 피는 꽃이기 때문이다.

3
하나님도 가슴 아파했습니다

아이가 병들자 이 병이 왜 왔을까 하는 궁금함이 생겼다. 마음속에 여러 가지 번민이 있어서 이 질문에 대한 답을 듣고 싶었다. 그러나 누구도 대답해주지 않았고, 대답해 줄 수도 없는 문제였다.

다만 대답을 들을 수 없는 고난에 직면하여 이 일이 원망으로 이어지면 안 되겠다 싶어서 아내에게 "하나님은 우리가 이 상황을 잘 극복할 수 있을 것이라 기대하시고 허락하지 않았겠느냐? 누구도 원망하지 말고 잘 극복해 가자"고 말했다. 다행히 서로 원망하는 일 없이 아이를 간호하는 데 전념할 수 있었으나, 여전히 질문은 남아 있었다. 우리 아이는 왜 중병에 걸린 것일까?

그러던 어느 날 한 자매가 대낮에 예배당에 와서 슬피 울며 기도하는 소리를 들었다. 그 자매는 대학생 때 반포에 있는 교회에서 만난 청년인데 길을 가다 우연히 만나 근황을 알게 되었다. 결혼하여 우리 교회 가까운 아파트에 살고 있었고 다니는 교회 없이 신앙생활을 하고 있었다. 가끔 우리 교회에 와서 낮이면 기도하곤 했는데 그날따라 몹시 통곡하며 기도를 해 뭔가 고민이 있나 싶어 기도가 끝나기를 기다렸다.

기도를 마치고 나오는 자매에게 무슨 걱정거리가 있는지 물었다가 뜻밖의 이야기를 듣게 되었다. 오늘 기도를 한 것은 우리 첫째를 위한 중보기도였는데 뜻이 있어서 허락했지만 하나님도 마음이 너무 아팠다고 말씀하셨다는 것이다. 하나님께서 너무 마음 아파하시는 것이 고스란히 전해지면서 자기도 마음이 너무 아파서 통곡했다고 했다.

병의 원인에 대한 궁금증으로 답답해하던 나에는 너무나도 큰 위로가 되었다. 덤으로 이 병때문에 죽지 않고 건강을 회복할 것이라는 말도 전해 들었다. 고된 하루살이로 지쳐가던 때에 쓰러지지 않도록 버팀목을 세워주는 것 같았다. 하나님께서 이 모든 일 가운데 개입하고 계신 것과 뜻하신 바가 있어서 허락된 병이라는 것을 알고, 무거운 짐을 내려놓았다. 또 나을 수 있다는 확신도 들었다.

예수님은 33세의 젊은 나이에 십자가에서 죽임 당했고, 예수님의 제자 11명은 모두 순교했다. 기독교역사는 고난의 역사요, 신앙인이 된다는 것은 십자가를 지는 것이라는 사실을 잘 모르는 분들이 있다. 기독교 신앙을 갖게 되면 복을 받고, 만사가 형통하게 되는 것은 사실이다. 그러나 그것이 전부는 아니다.

그리스도인들은 십자가의 길, 고난의 길을 가야 한다. 고린도후서

6장 9절에 사도 바울은 "영광과 욕됨으로 그러했으며 악한 이름과 아름다운 이름으로 그러했느니라."라고 말했다.

하나님의 일꾼으로 자천하여 나선 사람들에게는 영광과 욕됨이 좌우한다. 자랑스러운 일도 있지만, 욕을 얻어먹는 일도 있다. 영광스러운 일도 있지만, 욕된 일도 있다. 그것이 그리스도인들이 가야 할 길이요, 삶이다.

우리 가족은 예수님 덕분에 행복하게 사는 사람들이다. 그 분 덕에 존재이유도 알게 되었고, 특별히 행복한 생을 살아가고 있다. 길가에 버려진 돌과 같았는데 모퉁이돌이 되어 쓰임 받고 있다. 그야말로 "내 잔이 넘치나이다."라고 고백할 수밖에 없는 생을 살고 있다. 그런 우리 가족에게 고난은 오히려 당연했다. 더군다나 그것이 또 다른 은사를 위한 길 내심이라면 망극한 은혜였다.

어떤 사람이 역사학자 토인비에게 물었다고 한다.

"선생님! 역사를 공부하신 후 깨달은 바가 있습니까? 무엇을 깨달으셨습니까?"

"네, 역사를 공부하고 깨달은 것이 있습니다. 하나님께서 인간의 역사를 붙들고 계신다는 것과 당신이 작정하신 것을 이루신다는 것을 알게 되었습니다."

토인비의 이 대답은 우리에게도 적용되었다. 우리 아이의 운명을 하나님께서 붙잡고 계셨고, 당신이 작정하신 것을 이루어가고 있었다.

고난당함으로 얻게 되는 유익도 있다. 시편기자는 "고난당한 것이 내게 유익이라 이로 말미암아 내가 주의 율례들을 배우게 되었나이다"(시 119:71)라고 고백했다. 고난을 통해 하나님의 법칙, 하나님의 원칙을 배우게 된다.

세상에는 하나님의 법칙이 있고, 인간들이 만든 유혹이 있다. 자 칫하면 세상이 만들어놓은 유혹을 따라 살 위험이 있다. 그런데 고 난은 유혹에서 벗어나 하나님의 원칙을 따르게 한다. 그러므로 고난 이 해로운 것이 아니라, 도리어 유익을 가져다준다. 67절에서는 "고 난당하기 전에는 내가 그릇 행하였더니 이제는 주의 말씀을 지키나 이다."라고 했다. 모든 것이 형통하게 돌아가는 것이 반드시 유익한 것은 아니다. 건강한 것은 복이지만 건강해서 죄짓고, 방탕하게 산 다면 그것을 복이라 하기 어려울 것이다. 고난은 경고등이 되어 그 릇 행하던 길에서 돌이킬 수 있게 해준다.

우리 아이는 고난을 통해 하나님의 부르심에 응답하게 되었고, 우 리 가족들은 순결한 마음으로 하나님을 바라보게 되었다.

고난의 때라 하여 홀로 내버려지는 것은 아니었다. 좋은 동료들과 격려자가 곁에 있었다. 그분들의 도움과 사랑은 절망적인 순간에 큰 힘이 되었다. 응급실에서 앉을 곳도 없이 몇 시간씩 기다려본 사람 은 응급실에서 침대를 차지하는 것이 얼마나 안심이 되는 일인지 알 것이다. 가족이 아플 때 조언을 구할 의사가 있다는 것이 얼마나 큰 축복인지 경험해 본 사람은 안다.

더운 여름날 큰 아이가 길가에 쓰러졌을 때 세브란스 김세주 박사 에게 전화를 걸었다. 그 분은 별 일 아니니 놀라지 말라고 안심을 시 켜주었다. 그리고 차근하게 앞으로 어떻게 해야 하는지 일러주었다. 덕분에 매우 당황하고, 초조해할 상황이었는데 침착하게 위기를 수 습해나갈 수 있었다.

백병원 소아과 김상우 박사도 잊을 수 없는 분이다. 지금은 은퇴했지만 그 때만 해도 현직에 있어서 소아신경과에 관한 많은 정보를 제공해주었다. 그 분으로 인해 조병규 교수를 알게 되었고, 가장 보수적으로 환자를 돌보는 서울대 병원과 조 교수님을 만난 것은 우리 아이의 인생에서 결정적인 축복이었다.

가끔 인생에서 가장 소중한 것이 무엇일까 생각해본다. 돈도, 지식도, 건강도 중요하지만 정말 소중한 것은 사람이다. 사람이 위로가 되고, 사람이 길이 된다. 예수님은 제자들을 부르면서 "나를 따라오라 내가 너희를 사람을 낚는 어부가 되게 하리라"(마 4:19)고 했다. 제자들에게 사람을 얻게 해주겠다고 약속하신 것이다. 돈을 많이 벌게 해주겠다, 사회적으로 높은 지위에 올라가게 해주겠다고 하신 것이 아니라, 사람을 얻게 해주겠다고 하셨다. 사람을 얻는 것이 복이다. 좋은 사람들과 함께 동행하는 것이 행복이다.

고난 가운데 있었지만 동행해준 이들 덕분에 하나님의 위로를 경험했다. 그 귀한 동행자들은 어른들만 있었던 것은 아니었다. 소아당뇨로 고생하는 고등학생이 한 명 있었는데 그 아이는 사고로 다리를 다쳐서 수혈을 했고 그때문에 당뇨를 앓게 된 매우 불운한 아이였으나, 어둡지 않았다. 항상 밝은 모습으로 병동에 있는 환우들을 찾아와 웃음과 사랑을 전해주는 아이였다. 그 아이는 우리 병실에도 찾아왔다. 수술하기 전날 밤에는 잘 될 것이라며 격려하고 돌아갔다. 사귄지 며칠 되지 않았지만 마치 형제처럼 우리 아이를 따뜻하게 대해주었다.

땅끝에선 아이를 또오겠습니다

수술을 하러 가던 아침에는 일찍 병실을 찾아와 수술실까지 동행해주었다. 수술을 받고 있던 하루 종일 대기실을 드나들면서 집사람에게 마실 것도 갖다 주고, 먹을 것도 사다주었다. 그 긴 하루 종일 주변을 맴돌면서 우리의 고난에 동참해주었다. 고마운 아이였다. 중환자실에서 병실로 돌아왔을 때도 맨 먼저 찾아와 수고했다며 위로해준 사람은 그 아이였다. 병을 앓고 있는 또래의 아이가 주는 위로는 다른 사람의 위로와 견줄 수 없었다.

위로는 사람을 통해서만 오는 게 아니었다. 우리 아이는 7시까지 수술실로 들어가야 했고, 나는 7시 30분에 삼성의료원에서 장례식 집례 일정이 잡혀있었다. 아이가 수술실로 들어가는 시간에 함께 있고 싶어 새벽기도를 마친 후 분당에서 서울 혜화동까지 차를 몰고 달려갔다. 침대를 밀고 수술실 입구에 도착한 후, 수술이 잘 되기를 기도하며 돌아서 나오려 했으나 그게 쉽지 않았다. 몇 명의 대기자가 앞에 기다리고 있는 상황이라 좀 더 함께 있어야 했기 때문이다. 그러나 발인예배 시간이 7시 30분으로 잡혀 있고, 화장장 시간도 착오가 없어야 했기에 서둘러 나와야 했다. 발걸음이 참 무거웠다.

화장절차가 모두 끝나 안치하는 예배까지 마치고 차로 돌아왔다. 시동을 켜고 주차장을 빠져나오는데 뭔가 느낌이 이상했다. 차 뒤쪽이 잘 보이지 않았지만 무엇이 문제인지 분별하지 못한 채 출발했다. 서둘러 가야 한다는 생각에 사로잡혀서 그랬는지 한참 차를 몰고 나온 다음에야 유리가 깨진 것이 보였다. 가운데 부분이 총을 맞은 것처럼 금이 가 있었다. 순간 불쾌했다. 정해진 공간에 주차된 차에 왜 돌을 던져 깨뜨렸나 싶어 화가 났다.

아침부터 최선을 다 하느라 노력하고 있는데 이 무슨 재수 없는 일인가 싶었다. 거미줄처럼 갈라져 있는 유리 때문에 뒤따라오는 차량의 상황을 전혀 알 수 없었다. 불편을 감수하면서 차를 몰고 도로 위를 달려가는데 햇살이 살포시 유리 위로 내려앉으면서 뒷유리가 신비롭게 빛나는 것이었다. 깨진 유리가 참 아름답다고 느끼는 순간 이런 소리가 들려왔다.

"네 아들은 이번 수술로 인해 부서지고 망가질 것이다. 그러나 그것이 햇살을 받으며 아름답게 빛나는 저 유리처럼 아름답게 빛나는 날이 올 것이다. 너무 속상해 하지 말아라."

참 신비로운 경험이었다. 기분 나쁜 그 사건이 도리어 위로가 되었다. 우리 아이가 깨진 유리창처럼 망가지겠지만, 틀림없이 아름답게 빛나는 날이 올 것이라 위로 받으며 병원으로 돌아왔다. 노래를 부를 수는 없었지만 절망이 아닌 소망을 보았다.

4
종양 하나는 제거했으나
더 많은 문제를 떠안게 되다

수술로 종양은 제거했으나 그로 인해 발생한 다른 문제는 수습하기가 어려웠다. 정확히 말하자면 완전한 치유는 불가능했다. 종양 제거라는 한 가지 목표는 이뤘는데, 더 많은 문제가 발생한 것이다.

평소 내분비과 전문병원을 보면 저 병원은 밥 먹고 살 수 있나 싶었다. 질병에 관한 지식이 없으니 별 생각을 다 했던 것이다.

하지만 아이가 수술을 하고 내분비과적인 문제를 떠안게 된 후, 호르몬이 얼마나 중요한지를 새삼 알게 되었다. 호르몬이 정상적으로 나오는 것만으로도 감사할 이유는 충분했다. 종양이 붙어 있던 곳에서 갑상선 호르몬과 컨디션을 조절하는 호르몬이 나왔는데 그곳이 상처를 입으면서 호르몬이 나오지 않게 된 것이다.

또 소변의 분량과 소변 안에 염분을 가지고 나가도록 명령하는 체계에도 문제가 생겼다. 수술하면서 통제 센터가 있는 곳을 망가뜨리는 바람에 고장이 난 것이다. 더욱 어려운 문제는 체온 조절이 어렵게 된 것이다. 종양 하나는 제거했는데, 더 많은 문제를 떠안게 되었다. 참으로 당혹스러운 일이었다. 담당의사는 달리 치료할 길은 없고 비타민처럼 약을 먹는 것이 유일한 방법이라 했다.

하지만 부모 입장에서는 가만히 주저앉아 있을 수가 없었다. 아이를 나게 할 수는 없는지 여기저기 찾아다녔다. 물론 주치 의사에게 허락을 받은 후, 가능성이 있다고 판단되는 모든 길을 찾아다녔다. 다른 노력을 하고 있는 것을 아신 내분비과 담당의사가 우리 부부를 따로 불러 따끔하게 말했다.

"낫지 않습니다. 아이가 어리니까 격려하느라 하는 이야기일 뿐, 가능성이 없습니다. 뇌는 다른 신체장기들과 달라서 재생되지 않습니다. 쓸 데 없는 생각하지 마시고, 현실을 받아들이세요. 한 평생 비타민이라 생각하고 약을 먹어야 합니다. 체온도 그저 한 평생 이렇게 지낸다고 생각해야 합니다. 일체 가능성이 없다는 것을 명심하셔야 합니다."

수술을 마치면 곧 퇴원하고, 퇴원하면 건강한 모습으로 책가방 들고 학교에 가게 되리라 생각했는데 일은 전혀 엉뚱한 방향을 향해 흘러갔다. 원래 그런 것이었는데 내가 몰랐던 것이다.

그러나 낫지 않는다 해서 그저 약만 먹이며 있을 수는 없었다. 도움이 되는 일이라면 뭐든지 해야 했다. 양방의 한계를 절실히 느끼게 되었으니 이제 또 다른 출구를 찾아봐야 했다. 그야말로 지푸라기라도 잡아야 하는 상황이었다.

체온이 정상으로 돌아오지 않아 퇴원이 계속 연기되다 결국 체온

문제를 수습하지 못한 채 퇴원했다. 체온이 정상으로 돌아오지 않는 이유를 말해준 책임자는 없었다. 다만 펠로우로 지내는 선생님 한 분이 수술을 하면서 시상하부를 잘못 건드려서 그런 게 아닌가 싶다고 말했다. 그렇다고 이제 체온을 정상화시킬 특단의 기술이 있는 것도 아니었다. 아무런 대책도 없이 그야말로 운명에 맡기고 있을 수밖에 없는 상황이었다.

하지만 하루에도 몇 번씩 36도에서 39도를 오르내리는데 그냥 지켜보고만 있을 수는 없는 노릇이었다. 이불을 덮으면 보온이 되는 것이 아니라, 온도가 올라가버려 두 번의 겨울을 지나기까지 우리 집은 난방을 하지 못했다. 아이는 이불을 덮고 잘 수도 없는 형국이었고, 맘 편히 샤워도 할 수 없었다. 체온이 몸 전체에 일정하게 오르내리는 것이 아니라, 부위 별로 다르게 오르내리니까 같은 온도의 물로 샤워를 해도 체감온도는 신체 부위마다 달랐다. 여기는 차갑고 저기는 뜨겁고, 참 힘든 날들이 계속되었다.

체온이 조절되려면 먼저 땀이 나와야 했다. 땀이 좀 나올까 싶어 매운 낙지집을 찾아간 것이 몇 번인지 수를 헤아리기 어려울 정도다. 땀이 나올 만한 음식을 찾아 이것저것 먹어보기도 하고, 이런 저런 운동도 하면서 지냈으나 아무런 소망도 없이 세월만 흐르고 있었다. 피부는 점점 딱딱하게 말라가고, 퍼석거리는 머리카락은 우리 가족 모두를 초라하게 만들었다.

그 때 우연히 한의사 한 분을 소개받았다. 그 분은 조선족이었으나 엄밀히 말하면 중의사였고, 의료행위는 합법적이지 않았다. 지금은 미국에 살고 있는 분인데 그 분이 진맥을 해보더니 대뜸 "뭘 먼저 고

쳐줄까? 체온을 먼저 내려줄까 호르몬이 먼저 나오게 해줄까?'라고 묻는 것이었다. 놀랍기도 하고, 반갑기도 하여 가능하다면 체온을 먼저 잡아달라고 부탁했다. 그 분은 그렇게 해주겠다고 약속했다.

어떤 때는 일주일에 한 번, 또는 일주일에 두 번 그 분을 찾아가면 한 20센티 되어 보이는 대침을 놓았다. 보는 것만으로도 겁이 나는데 우리 아이는 잘 참아내며 침을 맞았다.

돌아올 때는 약을 지어주어 정해진 분량을 먹기 시작했는데 얼마 지나지 않아 효과가 나타났다. 갑상선호르몬이 나오지 않아서 하루에 4알씩 약을 먹었는데 그것을 먹으면 자연히 살이 찐다고 했다. 그런데 살이 찌는 게 아니라, 도리어 살이 빠졌다. 또 불가능할 것이라 했던 호르몬이 조금씩 나오기 시작했다.

내분비과에 정기치료를 받으러 가면 선생님이 고개를 갸우뚱거리며 "이상하다"는 말을 자꾸 반복했다. 그리고 무슨 다른 약을 먹는 것 아니냐며 화를 내기도 했다. 미리 허락을 받고 중의사를 만나고 있어서 상황을 모두 알고 계셨는데도 기분 나빠했다. 임상경험과는 전혀 다른 결과가 나오는 데 대한 불만이었다. 하는 수 없이 혈압을 40까지 내린 후 호르몬이 어느 정도 나오는지 확인해야 했다. 아이가 거의 죽음에 이르는 이 검사는 다시 하고 싶지 않은 일이다. 그런데 두 번이나 했다.

그 즈음 치유 은사를 가진 가톨릭 신자 한 분을 만났다. 신림동 천성 산에 있는 가톨릭 피정의 집에서 치유집회를 인도하는 평신도 회장이었다. 기도를 받기 위해 한 시간 이상 차를 몰고 갔다. 처음에는 기도가 되지 않는다며 그냥 돌려보내기에 하릴없이 돌아왔다. 몇 번을 그렇게 하고 난 뒤, 이제 기도가 된다며 아이를 반겨주었다.

나는 주차장에서 기다리고, 아이와 집사람만 들어가서 기도를 받고 나왔다. 그러니까 그 분은 한 번도 나를 본 적이 없었고, 나에 대한 구체적인 정보도 없는 상황이었다.

"너의 아빠가 건축하게 될 교회에 입당하게 되는 날부터 땀이 나오게 될 것이다."

내가 목사인지, 예배당 건축을 위해 어떤 일이 진행되고 있는지 전혀 모르는 상태에서 그런 말씀을 해 놀랐다. 또 우리 아이의 몸에서 땀이 나는 것과 하나님의 집이 마련되는 것이 깊이 연관되어 있다는 것도 신비로웠다.

그 분의 말씀은 기적처럼 들어맞았다. 정자동 지하상가에 있던 우리 교회가 이매동에 성전을 구입해 입당예배를 드리던 날 아이 몸에서 땀이 나기 시작한 것이다. 입당예배를 끝내고 집에 들어갔더니 땀이 나기 시작했다며 만져보라 했다. 아이의 몸이 약간 축축하게 젖어있었다. 얼마나 고맙고 고마웠는지… 그 후 나는 이 사건이 주는 메시지가 무엇일까 고민했다.

하나님은 지하상가에 있던 우리가 구별된 예배당을 갖게 되는 것을 기뻐하셨다. 새 성전에서 치유의 역사를 일으키고자 기다리고 계셨던 것이다. 우리는 치유받기 위해 여기 저기 기웃거리며 쫓아다녔는데, 치유의 기적은 다름 아닌 여기 드림교회 예배당에서 일어나게 된다는 메시지를 받게 된 것이다. 그래서 아이에게 더 이상 딴 곳을 갈 필요는 없겠다고 말했다.

조금씩 땀이 나기 시작했지만, 그렇다고 체온이 완전히 정상화되

4. 종양 하나는 제거했으나 더 많은 문제를 떠안게 되다

지는 않았다. 기도 하고, 치료받는 일을 계속하면서 점점 좋아지기 시작하여 약 3년이 지나자 봄날에 눈 녹듯이 체온이 정리되었다. 병원에서는 원상회복은 불가능하며, 평생 그렇게 지내야 할 것이라 했는데 정상으로 회복된 것이다.

체온이 정상화되고, 호르몬이 조금씩 나오게 되자 내분비과 의사 선생님이 우리 첫째를 앞에 놓고 말했다.

"그동안 미안했다. 내 임상경험을 통틀어 너 같은 경우는 처음이다. 이렇게 체온이 조절되고, 호르몬이 어느 정도 나오게 되어 참 다행이다. 임상에 없던 일이 일어나고 있어서 짜증을 부린 적이 많았는데 용서해라. 이런 일이 가능해진 것은 첫째 너의 병을 이기려는 태도, 그 다음은 부모님의 노력, 그리고 하늘의 도움 덕분이라 생각되는구나. 축하한다."

여러 방편으로 노력한 것을 잘 알고 있었던 담당 의사선생님의 축하였다.

미니린이나 갑상선 호르몬제, 그리고 컨디션을 조절하는 약 코티졸도 처음과는 비교도 안 되게 먹는 양이 줄었다. 아이는 이제 정상적인 생활을 할 수 있는 상황에 이르게 된 것이다. 정말 꿈같은 일이 일어났다. 약국에 가서 약을 사서 나오면 이렇게 많은 양의 약을 먹는 경우는 처음이라며 걱정하는 눈빛이 역력했다.

그런데 점점 복용하는 약의 양이 줄어들면서 이제는 소량의 약으로도 하루를 살아갈 수 있게 되었다. 그 감사함을 어떻게 말로 다 표현할 수 있을까!

땅끝에선 아이를 또 오겠습니다

한동안 우리 첫째는 "아빠, 파인애플 사와!"라고 외쳤다. 단백질을 먹으면 소화시키는 효소를 분비하라는 명령을 뇌가 내려야 하는데, 이 부분이 작동하지 않게 되었다. 명령을 내리는 부분이 상처를 입으면서 의사전달을 할 수 없게 된 것이다. 그래서 단백질을 소화시키는 파인애플(pineapple)을 고기와 함께 먹어야 했다. 한동안 귀가하는 내 손에 반드시 들려 있었던 것이 파인애플이었다. 그 과일은 겉이 껄끄럽고, 못생겼는데 왜 파인(fine?)애플이 되었는지 알 것 같았다. 고마운 파인애플 덕분에 우리 아이는 약간의 고기를 맛있게 먹을 수 있었다.

양방은 종양을 제거할 수 있지만, 다시 종양이 생기지 않게는 못했다. 또 종양 하나를 제거하고 난 다음 발생한 문제를 완전히 수습하지도 못했다. 약으로 어느 정도 상황을 통제할 수는 있었지만, 근원적인 치료는 되지 않았다. 이런 현실에서 병 낫기 원하는 이들에게 무엇보다 중요한 것은 본인의 노력이라 여겨졌다. 본인의 노력 여하에 따라 다른 결과를 얻게 된다.

공주에 있는 정신과 병원에 입원을 시켰다가 퇴원시켜드린 분이 있다. 남편도 있고, 형제들도 많은 분이었는데 밤늦은 시각에 퇴원을 시켜달라고 해서 친정집으로 모셔 드린 적이 있었다. 귀가하는 차안에서 병원생활을 하며 느낀 것이 있었는지 물었다.

"아무도 나를 낫게 해주지 못한다는 것을 알았습니다. 약으로도 제 병을 고칠 수는 없었습니다. 제가 스스로 바닥을 차고 올라가지 않으면 누구도 저를 도와줄 수 없었습니다."

그랬다. 환자와 보호자들이 최선을 다해 병과 싸워 이기려는 노력을 경주해야 한다. 그렇지 않으면 누구도 병에서 그를 건져주지 않는다.

세상에 완벽한 치료자는 없었다. 의사도, 신유은사를 가진 분도 그 누구도 완벽하게 고치지 못했다. 잠시 치료를 해줄 수는 있지만, 얼마 지나지 않아 또 병들기도 하고 다른 문제를 일으키기도 했다.

나는 한 때 신유의 은사를 원한 적이 있었다. 병을 고치는 은사가 있으면 복음 전하기 좋겠다고 생각했다. 그런데 신유은사를 가진 분들을 만나면서 그런 생각을 내려놓게 되었다. 신유은사를 가진 분들의 한계를 보았기 때문이다.

병든 사람들의 다급함과 갈급함에 비해 은사를 가진 분들의 능력은 충분하지 않았다. 이런 고민을 서울여대에 재직 중인 장경철 교수에게 토로했다. 듣고 있던 장 교수가 웃으면서 이렇게 대답했다.

"그래서 나는 말씀만 전하기로 했지. 하나님 말씀만 결함 없이 온전하니까!"

치료하는 일에 종사하는 모든 분들에게는 저마다 부족한 부분이 있었다. 의사든지 신유은사를 가진 분이든지 치료와 관련된 일에 종사하는 모든 분들에게는 결핍된 부분이 있었다. 완벽한 치료자는 하나님 밖에 없음을 새삼 느끼게 되었다.

우리 아이가 병에서 건짐 받는 일은 서서히 진행되었다. 사망의 음침한 골짜기를 지나던 때에는 얼른 치유받기를 고대했다. 빨리 건짐 받는 것이 절실했다. 그러나 돌이켜 생각해보면 천천히 고침 받은 것이 기적이었다. 그래야 온전하게 낫게 되는 것 같다. 흔히 치유되는 데는 병에 걸린 기간에 비해 배의 시간이 필요하다고 한다. 정말 배의 시간이 걸려야 제대로 낫게 되는 것 같다.

그 긴 시간동안 서로 원망 없이, 사랑하는 마음으로 병에서 벗어 날 수 있다면 그것은 또 하나의 축복임에 분명하다. 아프지 않으면 깨달을 수 없는 은혜가 있고, 실패하지 않으면 얻을 수 없는 교훈이 있다. 상실을 경험하지 않고는 얻을 수 없는 진리가 있다. 그 어둡고, 침침한 골짜기에서 얻은 위로도 많았고, 받은 은혜도 많았다. 모든 경험은 참으로 가치 있는 것이다.

4. 종양 하나는 제거했으나 더 많은 문제를 떠안게 되다

5

치유의 은사

아이가 병원에서 퇴원하자 여러 분들이 관심을 보이며 조언과
제안을 해왔다. 수서교회 황명환 목사가 매우 어렵게 신유은사를 가
진 목사님 한 분을 소개하면서 낮은 마음 없이는 결코 찾아가기 어
려울 것이라며 약도를 건네주었다. 아이가 낫는다면 어떤 일도 할
수 있을 것 같은 때여서 무슨 이야기냐며 다녀오겠다고 했다.

한 시간 넘게 차를 몰아 찾아간 곳은 지하에 있는 자그마한 교회였
다. 거기 꽤 많은 사람들이 낫기를 사모하며 모여 있었다. 마치 베데
스타 못가에 모인 사람들처럼 낫기를 사모하며 지하 기도실에 앉아
있었다. 보통 신유은사를 가진 목사님들은 집회 도중에 치유의 역사
를 선포하는데 이 분은 좀 달랐다. 구체적으로 아픈 곳에 손을 대고
(정확히는 손가락을 짚고) 있는데 얼마 지나지 않아 치유역사가 일어났
다. 치유의 흔적은 퍼렇게 든 멍으로 남았다. 참 남다른 은사였다.

치유방식 뿐 아니라. 그 분의 진단능력에 놀란 적도 있었다. 호주에서 A부분 암이라는 진단을 받고 서울에 온 여성이 있었는데 세브란스병원에 일정이 잡혀 있는 상황이었다. 아직 며칠간의 여유가 있어 그 분을 데리고 목사님께 갔다. 목사님은 몸을 만져보더니 A부분의 암이 아니라, B부분의 암이라고 했다. 호주 병원에서 진단을 잘못했을 수도 있으니 세브란스에 가서 진단을 받을 때 B부분도 정밀검사를 받아보라고 했다. 확진 결과 암은 A부분이 아니라, B부분에서 진행되고 있었다.

우리 첫째 아이를 만져보시던 목사님은 문제가 머리에 있는 것이 아니라, 배에 있다고 했다. 우리는 달라도 너무 다른 진단에 믿기가 어려웠는데 아이 배를 만져보라며 손을 얹어주었다. 지목한 부위를 따라 만져보았더니 창자가 마치 밧줄처럼 꼬여 있는 것이 느껴졌다. 꼬인 창자를 만지게 하더니 여기서부터 풀어서 머리로 올라가야 한다고 했다.

그 분의 손이 배에서 시작하여 머리로 천천히 이동했고, 아이는 고통을 호소했다. 배와 머리에 손가락을 대고 있는 게 아프면 얼마나 아프겠는가? 그런데 그게 아니었다. 비명을 질러댔다. 매주 두 번씩 그곳을 방문해서 치료를 받고 돌아왔는데 다녀오는 횟수가 거듭되면서 아이는 조금씩 낫기 시작했다.

"우리의 모든 환난 중에서 우리를 위로하사 우리로 하여금 하나님께 받는 위로로써 모든 환난 중에 있는 자들을 능히 위로하게 하시는 이시로다."라는 고린도후서 1장 4절 말씀이 있다.

우리가 환난으로 인해 아픔을 겪게 될 때, 하나님은 그 과정 중에 위로를 주신다는 말씀이다. 그리고 그때 받은 위로로 다시 누군가를 위로할 수 있게 하신다는 말씀이기도 하다. 아이가 아파서 치료를 받는 과정에서 덤으로 주어진 선물이 있었는데, 그것은 몸이 아픈 사람들을 위로할 수 있게 된 것이다. 우리가 아프니까 아픈 일로 인해 고통 받는 사람들을 위로할 뿐 아니라, 함께 치유 받는 은혜도 누리게 되었다.

젊은 새댁이 둘째를 낳았다고 해서 축하하러 산부인과병원에 갔다. 그런데 분위기가 이상했다. 산모는 우울해 했고, 함께 있는 가족들의 얼굴에는 근심이 가득했다. 이유를 물었더니 아이의 발목이 90도 꺾여 태어난 것이었다. 탯줄에 감겨서 그렇게 되었는지 어떻게 그리 되었는지는 확인할 길이 없었지만, 이로 인해 산모는 울음을 그치지 못했다. 둘째를 낳고 행복해 할 것이라 기대했는데 도리어 가슴 아파하고 있었다. 괜찮을 것이라 다독였지만 어린 생명의 미래가 어떻게 될지 정말 걱정스러웠다. 의사선생님이 걷지 못할 수도 있다고 말했기 때문이었다.

산모가 몸조리를 마치고 집으로 돌아오자, 나는 함께 기도 받으러 가자고 권했다. 병원 담당의사는 수술을 해도 절게 될 것이라고 말했기 때문에 우리는 신유은사를 가진 분의 도움을 청했다. 아이의 상태를 살펴본 목사님은 손가락으로 모르스 부호를 치듯 두드리며 아이의 발을 만지는데 아이는 큰 아픔을 느꼈는지 울어댔다. 그럴 때면 엄마는 닭똥 같은 눈물을 뚝뚝 흘리며 아파하는 아이를 보며 울고, 앞으로 다리가 절게 되면 어떻게 하나 걱정하여 울고… 젊은 엄마는 울고 또 울었다.

땅끝에선 아이들 또오겠습니다

"주는 나의 슬픔을 아십니다. 내 눈물을 주의 병에 담으소서. 내 눈물이 주의 책에 기록되지 않았습니까?"(현대인의 성경 시 56:8) 이 말씀이 젊은 새댁의 상황과 일치하는 것 같았다. 하나님께 저 젊은 엄마의 눈물을 기억해달라고, 아이가 무사히 걸을 수 있게 해달라고 간절히 기도했다.

기적 같은 일은 그 아이 돌잔치 날 일어났다. 강남에 있는 한 식당에서 돌잔치가 있었는데 함께 기도하며 1년을 보낸 까닭에 더 애틋하고, 맘껏 축복하고 싶었다. 한창 분위기가 무르익어 가는데 저쪽에서 환호하는 소리가 들렸다.

"걷는다!" "야호, 걷는다!"

위로라도 하려는 듯 아이는 돌잔치가 진행되고 있던 때에 걷기 시작했고, 우리는 모두 환호를 지르며 기뻐했다. 기적은 성경 속에 있는 이야기로 끝나지 않은 현재진행형이다. 하나님의 치유는 지금도 계속되고 있다.

천주교 평신도 회장님을 만난 지 서너 주 되었을 때, 그 분이 우리 아이에게 "애야! 하나님이 너를 목사로 부르시는구나. 이 일에 대해 먼저 대답을 해야 한단다. 그래야 치유가 시작될 수 있어."라고 했다. 첫 만남 이후 몇 번이나 기도가 막힌다며 답답해했는데 기도가 상달되면서 곧바로 소명에 관한 이야기를 꺼낸 것이다. 그 문제는 우리도 문득 문득 혹시 하나님이 사역자로 부르는 게 아닌지 의문하고 있었는데, 가톨릭교회 지도자에게서 그런 질문을 받자 적잖이 당황했다.

나는 그 이야기를 듣고 이렇게 말하는 것이 정상이 아닌가 싶었다.

"얘야! 하나님이 너를 신부로 부르시는구나. 이 문제에 대해 먼저 대답해야 치유가 시작될 수 있단다."

그 분은 가톨릭 지도자이니까 신부로 부른다고 말해야 할 것 같았는데 신기하게도 목사로 부르고 계시며, 이 병은 은사를 주기 위해 길을 내시는 첫 관문이라고 말했다. 그토록 오랫동안 병이 왜 왔는지 궁금해 했던 나에게도, 그리고 병이 온 후 아픈 사람들을 위해 의사가 될까 고민하던 우리 아이에게도 매우 중요한 질문이었다. 일주일동안 기도를 한 후, 우리 아이는 평신도 회장님에게 대답했다.

"네, 목사가 되겠습니다."

그 때부터 하나님의 또 다른 치유 역사가 시작되었다. 그 분은 머리에 손을 얹고 병이 낫도록 기도했는데 상당한 결실이 있었다.

어떤 주간에는 열이 너무 많이 나서 매우 심각한 나날을 보내다 찾아간 적이 있었다. 몸을 만져보시더니 "음~ 지난주에 열이 많이 났었구나."라고 말하는 것이었다. 또 아팠던 부위에 대해서도 정확하게 짚어 이야기했다. 다정한 우리 첫째는 어른들과 조용조용 대화 나누는 것을 참 잘 했다.

"선생님! 선생님은 그런 것을 어떻게 아세요?"

"하나님은 모든 사람의 몸 안에 병력을 기록하고 있단다. 그런데 누구도 그 병력을 읽어내지 못하지. 하나님께서 나에게 그걸 읽을 수 있는 은사를 주셨어. 그래서 지난 주 너의 몸에 무슨 일이 일어났는지 알 수 있단다."

그 분은 상당히 오래 전에 아픈 것도 들춰내 말하곤 했다. 그리고 우리 아이에게 반드시 낳게 된다는 것과 이 병에서 고침 받음이 은사의 시작이라는 것도 말해주었다.

더욱 놀라운 것은 아직 설립하지도 않은 데오스 학교가 첫째 아이의 인생에 매우 중요한 학교가 될 것이라는 이야기도 해주었다. 마치 하늘에서 내려와 산에 머물고 있는 천사를 만난 것 같은 느낌을 갖게 만드는 분이었다. 그 분으로 인해 우리 아이의 병에 관해 갖고 있었던 많은 질문이 해소되었고, 새로운 신작로가 훤하게 뚫린 것 같은 느낌을 받았다. 아이의 병이 낫는 동안 나의 세계관도 훨씬 넓게 확장되는 것을 느꼈고, 하나님의 신묘막측 하신 능력을 체험하게 되었다.

하나님께서는 우리를 돕는 분들을 세상 곳곳에 숨겨놓고 있었다. 돕는 손길들이 세상 곳곳에 마치 보물처럼 숨겨져 있었다. 초등학교 시절 소풍놀이를 가면 보물찾기가 있었는데 보물이라 쓰인 쪽지가 나무나 돌 사이에 숨겨져 있었다. 우리 모두 찾아 나섰으나 어떤 아이는 찾고, 어떤 아이는 찾지 못했다. 시상하는 시간이 되면 선생님께 건넨 쪽지가 선물로 바뀌어 돌아왔다.

우리 아이가 치유 받는 과정을 통해 곳곳에 숨겨놓으신 하나님의 사람, 보물들을 만날 수 있었다. 그것은 한 인간으로 살아가면서 누릴 수 있는 엄청난 환희였다. 그 분들을 만나 환난을 내놓고, 하나님의 위로를 선물로 받았다. 그런 분들을 만나면서 세상에는 우리를 돕는 손길이 없는 것이 아니라, 찾지 못할 뿐인 것도 알게 되었다. "구하라 그리하면 너희에게 주실 것이요 찾으라 그리하면 찾아낼 것이요 문을 두드리라 그리하면 너희에게 열릴 것이니"(마 7:7)라 했는데 정말 그 말씀이 성취되는 것을 볼 수 있었다.

병이 호전되면서 첫째는 우리 교회가 설립한 대안학교에 다니며 공부를 다시 시작했다. 그 아이가 나아 학교를 다닐 수 있게 되리라고는 생각하지 못했는데 공부를 할 수 있게 된 것이다.

처음에는 조금만 앉아 있어도 열이 오르고, 견디기 어려워서 잠시 공부하고 오랫동안 쓰러져 있었다. 그런데 조금씩 공부를 할 수 있게 되었고, 마침내 대안학교 전형으로 장로회신학대학에 합격했다. 정시로 지원했어도 합격할 수 있는 수능성적을 얻었지만, 수시 대안학교전형으로 합격한 것을 보면 데오스 학교가 우리 아이 인생에 매우 중요한 학교가 될 것이라는 가톨릭 평신도 회장님의 예언은 사실로 확인이 된 셈이다.

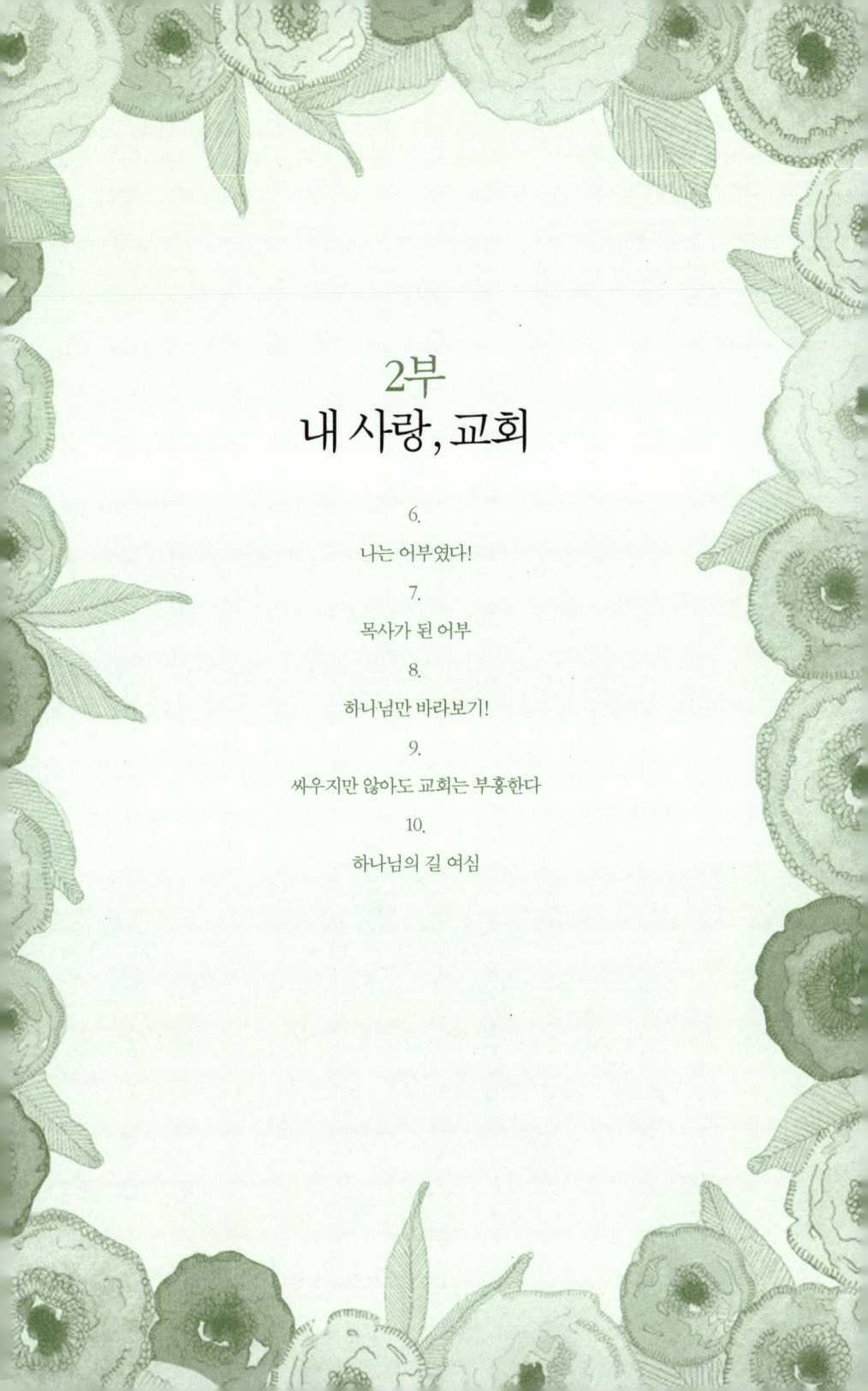

2부
내 사랑, 교회

6.

나는 어부였다!

7.

목사가 된 어부

8.

하나님만 바라보기!

9.

싸우지만 않아도 교회는 부흥한다

10.

하나님의 길 여심

6
나는 어부였다!

나는 섬에서 태어나 그곳에서 중학교를 졸업한 후 어려운 가정 형편 때문에 고등학교 진학을 포기하고 물고기를 잡는 어부가 되었다.

16살부터 배를 타기 시작하여 20살까지 어부로 지냈으니 한 5년 동안 어부로 일한 셈이다. 어부로 지내는 동안 다양한 종류의 물고기를 잡았다. 파시가 형성되는 어촌을 따라 전국을 옮겨 다니며 물고기를 잡았는데 준치, 삼치, 멸치, 갈치, 고등어, 새우, 도미, 광어, 복어, 문어, 심지어 서산 앞바다까지 올라가 5월이면 게도 잡았다.

물고기는 그물로도 잡히고, 낚시로도 잡힌다. 낚시로 잡는 생선은 신선도가 좋아 값이 꽤 나갔고, 그물로 잡는 생선은 값이 좀 떨어지는 약점이 있지만, 많이 잡을 수 있는 장점이 있다. 정치망은 일정한 곳에 그물을 설치해놓고 거기 들어온 물고기를 건져 올리는 방식이라 어떤 때는 한 번으로도 큰돈을 벌었다. 조기 같은 생선은 저인망으로 잡았다. 그 외에도 매번 다른 곳에 투망을 해서 생선을 잡기도 했는데 어떤 방식이든 어부는 힘든 직업이었다. 바다는 가만히 있는 것 같지만 아래로 조류가 흐르기 때문에 물속에 있는 그물을 끌어올리는 일은 여간 힘든 노동이 아니었다. 바다에 한 번 나갔다 오면 지쳤다. 물고기가 잡히지 않은 날이면 더 힘들다.

내 기억에 가장 힘든 어장은 새우 잡이였다. 새우는 해초가 있는 곳에 모여 살았다. 저인망을 끌어 새우를 잡으면 해초도 함께 쓸려 올라왔다.

밤바다에서 갓 얼굴을 내민 새우와 해초에서 나는 역한 냄새는 저절로 구토가 나오게 했다. 그 냄새가 얼마나 지독한지 배를 탄지 꽤 되었을 때도 참기 어려웠다. 어려서 그랬는지 역한 냄새로 멀미를 심하게 하는 밤이면 서러움도 함께 올라왔다. 심한 멀미로 고통스러웠던 때는 그냥 바다 속으로 뛰어내려버리고 싶은 적도 있었다.

어부로 지낸 지 3년 정도 되었을 때, 어업 지도선을 타보지 않겠느냐는 제안이 들어왔다. 요즘 중국선박들이 한국 영해로 들어와 불법 어업을 하곤 하는데 30년 전에도 그랬다. 뿐만 아니라, 연근해에는 불법을 일삼는 어선들이 많았다. 불법어로행위를 지도하는 경비정을 타는 것은 근사해보였다. 기회다 싶어서 어업 지도 선을 타기로 했다. 그 배는 도청에 소속되어 있고, 사법경찰이 승선하면 출항했는데 내게 주어진 역할은 선원들의 밥을 해주는 일이었다.

하루 세끼 밥을 하는 일은 생각보다 쉽지 않았다. 음식 만드는 것에 대한 지식이 없었기 때문에 무엇을 해야 할 지 잘 몰랐다. 또 선원들의 잔심부름을 하는 것도 쉽지 않았다. 배가 정박해 있든지 운행을 하든지 내가 해야 할 일은 참 많았다.

고된 육체노동을 하던 나에게 기다려지던 것이 있었다. 주일이었다. 주일에도 일은 똑 같았지만, 주일이면 나는 예배드리러 갔다. 뼈빠지게 일하다 하나님께 나가 예배를 드리는 것이 정말 좋았다. 십일조를 2,000원 밖에 드릴 수 없는 것이 너무 송구스러웠다. 매주 정성껏 주일 헌금 1,000원을 봉투에 담아 예배당을 향해 가는 것은 가슴 설레는 기쁨이었다. 얼마 되지 않는 돈이지만 하나님께 드릴 수 있다는 것이 너무 좋았다. 그때 내가 제일 좋아했던 찬송은 433장이었다.

"귀하신 주여 날 붙드사 주께로 날마다 더 가까이 저 하늘나라 나 올라가 구주에 품 안에 늘 안기어 영생의 복 받기 원합니다." "봉헌할 물건 나 없어도 날마다 주께로 더 가까이…" 이 대목에 이르면 예외 없이 눈물이 났다. 친구들은 모두 고등학교에 다니고 있는데 어부로 지내고 있는 고단한 내 처지가 서럽기도 했고, 한 달 동안 열심히 일해도 2만 원 밖에 벌 수 없는 내 초라한 인생이 서러웠다. 찬송을 부르면서 흘린 눈물은 내 기도가 되었다.

배를 타면서 내가 원칙처럼 지킨 것이 있었다. 매일 7장씩 성경을 읽는 것과 무슨 일이 있어도 주일예배에 나가는 것이었다. 배가 바다 위를 항해 하고 있는 경우가 아니면 예배를 꼭 드렸다. 나는 예배를 사랑하는 아이였다.

한번은 배가 흑산도로 입항했다. 뱃사람들은 주로 술을 먹거나 화투를 치면서 소일했는데 그날 저녁에도 선원들은 화투를 치며 놀았다. 곁에 있던 나에게 술과 안주를 사오라며 돈을 주었다. 주문받은 소주와 안주를 사려고 들린 가게에서 예배당 종소리를 들었다. 수요일 저녁예배시간을 알리는 종소리였다. 순간 고민을 하다가 저 분들은 계속 화투를 칠 것이니까 예배를 드리고 그 다음에 물건을 사서 올라가야겠다고 생각했다.

하용조 전도사님이라는 분이 말씀을 전하고 있었다. 그 내용은 전혀 기억이 나지 않는데 예배는 생각보다 늦게 끝났다.

끝까지 예배를 다 드린 다음 항구로 내려왔더니 우리 배가 환하게 전깃불을 밝히고 있었다. 내 이름을 부르는 소리가 들렸다. 사연은 화투를 치던 분들이 문득 내가 시간이 지나도 오지 않는 것을 느낀 것이다. 배에 오르려면 밧줄을 타고 올라올 수밖에 없는 상황이었으므로 무거운 짐을 들고 올라오다가 틀림없이 빠져 죽은 것이라 생각한 것이다. 놀란 선원들이 화투판을 엎고 모든 불을 켜고 내 이름을 부르며 찾고 있었다.

그날 저녁에 한 평생 얻어먹을 욕을 다 얻어먹었지만 행복했다. 내가 사랑받고 있는 사람이라는 것을 그때 처음 느꼈다.

어업 지도 선을 타고 있던 나는 고향 섬에 들렀다. 개인적으로 들른 것이 아니라, 배가 정박하게 되어 집에 간 것이었는데 반갑게도 중학생 때 전도사님이었던 채영남 목사님이 다시 교회에 와 계셨다. 군대에 가면서 교회를 사임하고 떠났는데, 의병 제대를 하자 다시 우리 교회로 오신 것이다. 반갑게 인사를 하고 이런 저런 이야기를 나누던 중에 전도사님이 내게 물었다.

"너는 믿음이 무엇이라고 생각하니?"

밑도 끝도 없는 질문이어서 뭐라 대답하지 못하고 잠시 머뭇거렸다.

"믿음은 모험을 하는 것이다. 네가 어렸을 때 목사가 되겠다고 하지 않았니? 지금 이대로 살면 선장은 하겠지. 그러나 정말 목사가 되기 원한다면 모험을 해야 한다."

전도사님의 말씀은 항해하는 내내 귓전을 때렸다. 예수님께서 베드로에게 "나를 따라오라 내가 너희로 사람을 낚는 어부가 되게 하리라 하시니 곧 그물을 버려 두고 따르니라."(막 1:17~18)한 것처럼 나도 전도사님의 부르심을 하나님의 부르심으로 받아들이고 그물을 버려두고 목사가 되기로 마음 먹었다.

고향으로 돌아왔다. 가을까지는 얼마간의 시간이 있어서 고등학교 준비를 하는 동안 학자금을 마련하기로 마음먹고 동네 아저씨가 선주인 배를 타게 되었다. 연근해에서 다양한 물고기를 잡는 배였다. 그 때까지 지낸 세월 가운데 가장 행복했던 세월이었다. 집에서 어머니가 해주는 밥을 먹고, 저녁에는 그물을 내리고 아침에 가서 걷어왔다. 돈벌이도 쏠쏠했다.

동네에서 배를 타는 것은 월급제가 아니라, 나눠먹기였다. 보통 선주에게 물고기를 잡아 번 돈의 60%를 건네주고, 선원들은 40%를 가지고 나눠 가지는 형식이었다. 경비를 제하고 한 달에 번 돈이 천만 원이라면 선주에게 600만 원을 주고, 선원들은 400만 원을 나눠 가졌다. 작은 배에 4명의 선원이 있었는데 한 달이면 100만 원 이상 벌었다.

그 때 대학 한 학기 납부금이 50만 원 정도였으니까 꽤 큰 돈이었다. 더 많이 벌수도 있었는데, 주일에는 어장을 나가지 않았다. 토요일 저녁에는 그물을 내리러 갔지만, 주일 아침에는 다른 분이 갔다. 주일날 번 돈은 그 분에게 고스란히 건네주었다. 토요일 날 그물 내리는 일까지는 내가 했으니까 주일날 아침 물고기를 잡아 번 돈의 절반은 내 몫이라 해도 잘못된 게 아니었지만 나는 기꺼이 손해를 보기로 했다. 하나님을 사랑하며 살기 위해 기꺼이 손해를 보는 것이 행복한 일이라는 것을 그 때 체험했다.

어머니와 함께 성경을 챙겨 예배드리러 가는 길은 정말 즐거운 일이었다. 어머니는 매번 늦었다. 나는 예배시간에 맞춰 가자고 채근하고, 어머니는 뭔가 해야 할 일이 있는 것도 아닌데 늦었다. 행복한 나들이가 아니었다. 예배드릴 때 듣는 설교말씀이 좋은 것도 아니었다. 매번 본문과 제목이 달랐는데 내용은 거의 비슷했다. 다음에 설교자가 되면 이렇게 하지 말아야겠다는 다짐을 하게 만드는 일이 많았다. 그런 약점에도 불구하고 나는 예배가 좋았다. 하나님께 예배드리러 가는 것이 행복했다.

지금도 내가 고향에 가면 그 때 선주였던 아저씨가 생선을 놓고 가곤 하신다. 횟감이나 매운탕거리를 놓고 가면서 "강 목사 왔냐!" 하신다. 고마움에 인사를 드리면 참으로 반갑게 맞아주신다. 그 반가움은 약간의 다른 감정이 들었음을 느끼게 한다. 베드로전서 2장

9절의 "왕 같은 제사장"이란 구절처럼 정말 그렇게 대해주신다. 나는 그 회사 노동자로 일했지만, 그 분은 나를 다르게 대우해주시는 것이다. 고마운 일이다.

연근해에서 생선을 잡아 모은 얼마의 돈을 가지고 순천에 있는 성경학교에 갔다. 그리고 거기서 공부하면서 방송통신고등학교에 다녔다. 군 복무 중에도 계속 공부를 할 수 있어서 복무를 마친 그 해 학력고사(요즘 수능)를 보고 장신대 기독교교육과에 진학했다.

신학대학을 다니던 시절은 가난했지만 행복했다. 우선, 친구들이 좋았다. 한 번은 운동장에서 쓰러진 일이 있었는데 특공대에서 근무했던 친구가 쏜살같이 뛰어 내려가더니 링거 하나를 사왔다. 기숙사 침대에 나를 눕혀놓고 링거를 꽂아주었다. 아파도 병원에 갈 돈이 없던 시절이었는데 의무병 훈련을 받았던 친구가 간호를 해주었다.

지금 수서교회 담임목사인 친구는 경동시장에 가서 한약을 사가지고 와 다려주었다. 완전 위험한 일이었다. 친구가 동의보감을 보고 대충 약제를 섞어 다린 그걸 먹고 기운을 차렸다. 만약 과거로 돌아갈 기회가 있다면 나는 대학시절로 돌아가고 싶다. 가난했지만 아름다웠던 시절이었다. 그 아름다움은 곁에 있던 친구들 덕분이었다.

7

목사가 된 어부

신학대학원을 졸업한 후, 동부이촌동에 있는 충신교회에서 목사안수를 받았다. 목사가 되기로 결단하여 그물을 버려두고 예수님을 따라 나선 지 13년 만의 일이었다. 물고기를 잡던 어부가 사람 낚는 어부가 된 것이다. 만약 공부를 하기 위해 그물을 내려놓는 모험을 하지 않았다면 이룰 수 없는 꿈이었다.

목사가 된 나는 충신교회 첫 고등부 전임사역자가 되었다. 고등학생들은 주로 파트타임 사역자들이 맡았는데 목사 안수를 받은 전임사역자를 세우게 된 것은 박종순 목사님의 목회철학 때문이었다. 그분은 청소년 사역의 중요성을 인식하고 있었다. 고 3 학생들은 다음해에 청년이 되고, 그들은 곧 교회에서 핵심적인 역할을 하게 된다는 것을 아셨기에 고등부가 부흥되기를 기대하셨다.

담임목사님의 기대를 한 몸에 받으면서 고등부를 맡아 전임사역자가 되었는데 현실은 참담했다. 성인 교인이 3,000명 이상 모이는 교회였는데 고등부 학생들은 70~80명 정도가 회집되었다. 분위기는 가라앉아 있었고, 뭔가 답답했다. 돌파구를 마련해야겠다고 생각했지만 길도 보이지 않았다. 무엇보다 학생들을 만나봐야겠다고 생각해서 전화를 걸었지만 아무도 시간을 내주지 않았다. 학원 핑계, 과외 핑계로 만남을 거절했다.

나는 몇 가지 전략을 세워 학생들에게 다가갔다.

우선, 생일날을 앞두고 부모님의 허락을 받아 모든 학생들을 만났다. 다음으로 장로님들을 설득하여 교육관에 독서실을 마련했다. 그리고 각 반별로 하룻밤을 세우는 엠티(Membership Trainning)를 하게 했다.

나는 모든 학생들을 만나기 위한 전략으로 생일심방을 시작했다. 일주일 전에 미리 부모님과 본인의 허락을 얻어 가까운 피자집이나 분식집에서 학생들을 만났다. 그 전에도 아이들을 만나보려고 부모님의 허락을 구했으나 번번이 거절당했는데 놀랍게도 생일날 만나 기도하고 축복해주고 싶다고 하자 거의 모든 부모님들이 허락해주었다. 아이들의 저항도 없었다.

아이들은 혼자 목사를 만나러 오기가 뻘쭘 했는지 꼭 친구들을 데리고 나왔다. 생일 축하노래도 부르고, 축복 기도를 한 다음 함께 음식을 먹으면서 이야기를 나누다 나는 먼저 나왔다. 흥미로운 것은 함께 나온 친구들이 그 다음 주에 교회에 나왔다.

고등부 모든 학생들을 심방하여 만났는데 그 덕분인지 점차 회집되는 학생의 수가 늘어나기 시작해 70~80명 정도 모여 예배하던 고등부 학생 수가 1년이 다 되지 않아 200명 이상의 학생들이 모여 예배 드리기 시작했다. 분위기가 뜨거워졌다. 학생들끼리 서로 사랑했고, 모여 하나님을 찬양했다. 고등부에 활기가 넘쳤다.

수련회를 갈 때면 한 달씩 릴레이로 금식하며 기도했고, 수련회에 가면 은혜를 충만히 받았다. 방언을 받는 학생도 있었고, 자원하여 봉사하려는 학생들로 넘쳐났다. 한번은 겨울수련회를 갔는데 수양관 건물로 올라오는 수도 파이프가 동파되어 물이 나오지 않게 되었다. 딱히 다른 방도가 없어 30~40m 아래로 내려가 양동이로 물을 메고 올라와야 했다. 약 250명이 사용할 물을 길러 오는 일은 간단치 않았다. 그런데 그 일을 하겠다는 자원자로 넘쳐났다.

기도원에서 일하는 분들이 감탄했다. 그 앞 주에도 비슷한 상황이 발생했는데 누구도 물을 길러가겠다고 하지 않았다며 "은혜를 받은 사람들은 다르네요."라고 말했다. 학생들이 은혜를 받으니 자원하는 학생들로 넘쳐났고 완전히 다른 사람이 되었다.

생각해보면 고등부의 부흥에는 그때 학생회장이었던 형곤이의 역할도 컸다. 지금은 대학병원 의사가 된 형곤이는 고등부 회장이었다. 아버지도 의사였는데 어느 주말 온 가족이 설악산으로 여행을 갔다. 지금처럼 교통이 원활하지 않던 때라 설악산까지는 시간이 많이 걸려 토요일 날 가서 한 밤을 자고 오는 일정인지라 회장은 나에게 전화를 걸어 미리 양해를 구했다. 가족모임이니까 잘 다녀오라고 말해주었다. 그런데 주일 아침 예배에 회장이 와 있었다. 놀라서 어떻게 된 일이냐고 묻는 나에게 형곤이는 담담하게 대답했다.

"목사님! 회장인 제가 주일을 지키지 않으면 다른 아이들도 저를 모델로 삼을 것 같아서요. 그래서 저만 먼저 올라왔습니다."

고마운 아이였다. 고맙다는 말로는 뭔가 부족했다. 충성된 아이였다. 충성스러운 회장과 임원 아이들이 내가 하는 말 이상을 해주었다. 행복한 마음으로 주일 예배를 마치고 집에 들어갔는데 밤 11쯤 되었을 때 전화를 왔다. 집에서 쫓겨났다는 형곤이었다. 불신자였던 아버지가 그렇게 교회가 좋으면 나가라고 해서 교회 계단에 앉아 있다는 전화였다. 잘 수습을 해서 집으로 들여보내기는 했지만 마음이 불편했다. 집안에서 불화가 계속되면 어떡하나 싶었다.

그런데 놀랍게도 얼마 지나지 않아 그 아이 아버지가 교회에 나오기 시작했다. 그리고 지금은 그 분이 충신교회 장로님이 되었다.

고등부를 지도하면서 좋은 학생들도 만났고, 좋은 선생님들도 많이 만났다. 장로님들도 맘 편히 청소년 사역을 할 수 있도록 도와주신 덕분에 쉽게 독서실을 만들 수 있었다. 집기도 사야 했고, 총무 월급도 매월 지불해야 하기 때문에 상당한 돈이 필요했는데 예산에도 없던 일을 선뜻 도와주셨다.

교육관에 마련한 독서실운영은 매우 성공적이었다. 당시만 해도 학생들이 독서실에서 공부하는 분위기였는데 학생들은 독서실에 가방을 던져놓고 오락실로 달려가기 일수였다. 그런 아이들을 누구도 통제할 수 없었다. 교회 안에 독서실을 설치하여 총무교사를 두고 운영했더니 부모들도 안심하고, 학생들도 좋아했다.

새벽 1시까지 공부를 마친 아이들은 삼삼오오 짝을 지어 집으로 돌아가는데 그게 나름 낭만적이었다. 덕분에 독서실에는 신청자가 넘쳤다. 신청자가 넘치니 자연히 관리도 잘 되었다. 몇 번 무단으로 자리를 비우면 다음 달에는 자격을 주지 않았으므로 학생들은 열심히 공부했다.

공부가 끝나면 학생들을 내 차에 태워 집 앞까지 데려다주었다. 그 시간대에는 이미 버스가 안 다니기도 했지만 몇 분이라도 일찍 자고 내일 학교에 가기를 바라는 마음이었다.

동부이촌동은 한 길이어서 한 바퀴 돌면서 아이들을 내려주고 돌아오면 되는 길이었다.

그때 내 자동차는 거의 매달 타이어가 펑크 났다. 차를 처음 몰기 시작했기 때문에 자동차는 원래 그런 줄 알았다. 지난 다음 알고 보니 자동차의 타이어가 그렇게 약한 게 아니었는데 그럴 수밖에 없었던 것은 아이들을 차에 한가득 태웠기 때문이었다.

아이들과 하루를 마감하고 집으로 돌아오는 길이면 매우 피곤했지만 행복했다. 이 사역은 나와 아이들을 매우 가깝게 만들어주었다. 공부하다가 쉬는 시간이면 이런 저런 고민을 터놓고 상의했다. 신뢰가 깊어져 서로 소통도 잘 되고, 아이들의 신앙도 깊어졌다.

하룻밤을 세우는 반 별 엠티도 교사와 학생의 친밀감을 높여주었다. 청소년 아이들은 저녁 9시에 하는 이야기와 12시에 하는 이야기가 다르다. 또 깊은 밤 2시에 하는 이야기는 더더욱 다르다. 아이들과 깊은 이야기를 하기 원한다면 한 밤을 같이 보내봐야 한다.

나는 교사들에게 반드시 하룻밤을 아이들과 함께 보내도록 요구했다. 반별 엠티를 잘 하고 오면 1년 내내 그 반은 활기가 넘쳤다. 그런데 끝내 순종하지 않는 분들의 경우 반이 활성화되지 않았다.

고등부를 전임사역하면서 느낀 것이 몇 가지 있는데 겉으로는 부족함이 없는 아이들이었지만 그들은 사랑받고 싶어 했다. 좋은 부모님들이 계시고, 사는 동네는 상류층이었지만 아이들은 사랑에 목말라 있었다. 나는 모든 아이들은 사랑에 목말라 한다는 것을 깨달았다.

사랑은 비타민과 같아서 한 아이에게는 다양한 종류의 사랑이 필요했다. 교사의 사랑, 목회자의 사랑은 청소년 아이들에게 필요한 또 하나의 비타민이었다.

청소년 사역자에게 필요한 것은 학력이 아니었다. 아이들은 열정을 갖고 자신들을 위해 헌신해줄 지도자를 필요로 하고 있었다.

그런데 우리 시대의 청소년 지도자들은 스펙을 쌓아야 좋은 지도자가 될 것처럼 생각한다. 그런 대응방식은 학생들을 위한 것이라기보다는 자신의 야망을 위한 것이라 여겨진다. 그런 결과 교회학교는 점차 위축되고 있음에도 정작 청소년 지도자들은 아무런 책임감을 느끼지 않는다. 안타깝기 그지없는 일이다.

열정만 있으면 청소년부도 얼마든지 부흥할 수 있고, 건질 영혼은 아직도 많이 있다. 청소년 지도자들에게 불꽃같은 열정이 필요하다.

열심히 청소년 사역과 상담실을 맡아 운영하고 있을 때 곽선희 목사님의 부름을 받았다. 소망교회에서 교구를 맡게 된 것이다. 처음으로 교구를 맡아 구역식구들을 돌보며 참 많은 사랑을 받았다.

담임목사님이 훌륭하셨으므로 사실 나 같은 부목사는 필요하지 않았다. 소망교회에서의 사역은 내가 하는 일보다 내가 받은 은혜가 더 많았다. 부목사님들끼리 식탁에 둘러 앉아 종종 하는 말이 있었다. 우리가 돈을 내고 배워야 할 곳인데 돈을 받으면서 누리고 있으니 이 얼마나 놀라운 은혜인가! 그랬다. 소망교회에서의 부목사 생활은 천국 같았다.

소망교회 부목사로 부임한 주일 아침 1부 예배를 드리고 담임목사님 사무실에 인사드리러 갔다. 예배를 마치고 샌드위치로 아침 식사를 하시던 목사님이 "강 목사! 아침 먹었어? 여기 앉아!"라며 따뜻하게 반겨주셨다. 그리고 이렇게 말씀하셨다.

"강 목사! 우리 교회에서 특별히 할 일이나 원칙 같은 것은 없어. 딱 한 가지가 있는데 하나님을 사랑해! 나머지는 자유야!"

나는 곽선희 목사님의 지도를 받으며 부목사로 일하게 된 것을 영광스럽게 생각한다. 목회에 도움이 되는 귀중한 말씀도 많이 들었고, 갚을 수 없는 사랑도 받았다. 무엇으로 그 분께 받은 사랑을 다 갚을 수 있을까!

충신교회 박종순 목사님은 겉으로 볼 때 매우 차가워보였다. 인터뷰를 하고 돌아오던 날 다른 임지를 알아봐야겠구나 생각했다. 목사님의 표정을 살펴보았을 때, 임용되지 않을 것 같았다.

그런데 사역자로 불러주셨다. 박 목사님을 가까이에서 모시면서 느낀 것은 겉으로 차갑게 느껴지는 것과는 달리 한 없이 따뜻한 분이라는 점이다. 가난하고 어려운 사람들의 일이라면 거절을 못하고 도와주셨다. 사람은 겉으로만은 알 수 없었다.

소망교회 곽선희 목사님을 도와 일하면서 일찍 아버지를 여읜 나는 '아버지의 사랑'을 처음 느꼈다. 차를 몰고 나가시다가도 나를 보

면 꼭 차를 세워 어디 가느냐고 물으셨다. 약속이 없으면 같이 가자
고도 하셨다. 곽 목사님이 부르면 언제나 좋은 일이 기다리고 있었
다. 곽 목사님도 겉으로는 차가웠다. 본당에 아이를 데리고 들어온
다든지 당신이 정해놓은 기준에 어긋나면 불 같이 화를 내셨다. 그
래서 때로는 무서웠다.

그런데 그 분 안에는 한없는 사랑이 들어 있었다. 그 양면을 이해
하면서 참 행복한 부목사 시절을 보냈다.

이 세상에 있는 가장 아름다운 공동체는 교회라고 생각한다. 교회
보다 더 아름다운 공동체는 없다. 하나님은 고단한 세상을 살아가는
우리들이 쉴 수 있는 오아시스를 주셨는데 그곳이 교회다. 이 소중
한 교회와 성도들을 섬기며 살게 된 것은 나 같은 죄인에게 한없는
영광이라 여기며 일하고 있다.

8

하나님만 바라보기!

소망교회 부목사를 사임하고, 분당 정자동에서 개척교회를 시작했다. 준비된 개척이 아니었다. 담임목사님께서 월요일 아침 교역자 회의에서 아드님이 부목사로 와야겠는데 자리가 없다고 걱정하셨다.

나는 당시 서열상 5번째로 위에 있는 선배 목사님들이 어떤 반응을 보이는지 살펴보았다. 아무도 그만 둘 생각이 없는 것 같았다. 회의를 마치고 식사를 하러 나가는 길에 만약 사임하는 분이 없으면 내가 하겠다고 말씀드렸다. 목사님은 매우 기뻐하셨다. 그렇게 기뻐하셨던 적이 있었나 싶을 정도였다.

그 후 일이 일사천리로 진행되어 아무런 준비도 되어있지 않은 상황에서 사임에 관한 공적 절차가 속전속결로 처리되었다.

막상 사임이 결정되자 개척지를 선택하는 것이 쉽지 않았다. 기도하면서 고심 끝에 결정한 장소가 분당 정자동이었다. 준비된 개척이 아니었으므로 준비된 개척멤버도 없었다. 단 한 명의 신도도 없이 현수막 하나 내걸고 교회를 시작할 때 그야말로 하나님만 믿었다.

성경대로 남의 터 위에 교회를 세우고 싶은 마음이 없었기에 속된 말로 맨 땅에 헤딩을 했다.

돈은 언제나 부족하지만 개척을 시작하던 때는 더욱 그랬다. 새벽에 기도하러 오신 분들이 왜 이렇게 춥냐며 불평했지만 난방기를 살 돈이 없다고 말하지는 못했다. 격려차 오신 여러 성도들이 사랑으로 얼마간의 헌금을 해주셨는데 그 덕분에 하나씩 하나씩 살림을 장만해 갔다. 돈이 조금 생기면 난방기 하나를 구입하고, 모자라는 것은 할부로 끊었다. 악기나 전자장비는 왜 그렇게 비싼지 한숨 소리가 절로 나왔다.

그 와중에 도둑을 맞는 일이 몇 번 있었다. 신디사이저는 꼭 필요한 악기여서 400만 원이나 되는 거금을 주고 구입했는데, 어느 날 도둑이 들어 훔쳐갔다. 잠시 식사하러 다녀왔는데 가져가버렸다. 계속 지켜보고 있다가 순식간에 들어와 가져가는 것 같은 느낌이 들어 무섭기까지 했다. 잔뜩 긴장하며 문단속을 했지만 어느 휴일에는 방송실에 있던 믹서도 가져갔다. 가난한 교회에 성도들은 더디 늘어나는데 도둑은 참 많이 다녀갔다.

개척을 하면서 나는 마음속에 몇 가지 원칙을 품고 있었다.

첫째, 남의 터 위에 세우지 않고자 했다. 사도 바울은 로마서 15장 20절에 이렇게 고백하고 있다.

"또 내가 그리스도의 이름을 부르는 곳에는 복음을 전하지 않기를 힘썼노니 이는 남의 터 위에 건축하지 아니하려 함이라."

나도 사도 바울처럼 남의 터 위에 교회를 세우고 싶은 마음이 없었다. 개척교회를 시작하는 목사를 따라 나갔다가 다시 돌아오는 교인들이 있다. 그것은 서로에게 상처가 되는 일이었다. 그래서 나는 처음부터 개척멤버 없이 시작했다.

둘째, 가족을 들이지 않았다. 친척이나 가족과 함께 교회를 시작하여 그들을 교회의 중심에 세우지 않기로 했다. 친척이 중심이 된 교회들을 보면서 그런 교회의 한계를 보았기 때문이었다. 교인들은 책임을 목회자 주변에 있는 친척들에게 떠넘기거나 눈치를 보는 경우가 있어 생동감이 떨어져 보였다.

셋째, 누구나 주인이 되는 교회를 만들고자 했다. 먼저 된 자의 특권도 나중 된 자의 불이익도 없는 교회, 누구나 와서 주인이 될 수 있는 교회를 만들고자 했는데 후에 이런 신념은 결정적인 약점이 되기도 했다. 담임목사의 의중을 정확히 파악하여 전달하고, 성도들의 입장을 알려주는 중간 리더가 없어 교회를 이끌어가는 데 적지 않은 어려움이 있었다. 그러나 무식하면 용감하다 했던가! 나는 용감하게 교회를 시작했다.

넷째, 영혼의 목자이고 싶었다. 신학공부를 시작한 후, 지속적으로 훈련받은 것은 설교에 관한 것이었다. 또 대형교회에서 부목사로 지내다보니 목회자는 오직 설교를 통해 교인들과 만났다. 교구를 맡아 성도들을 가까이서 돌보며 느낀 것은 교회 안에 또 다른 외로움이 있었다. 교인들은 목회자의 구체적인 돌봄에 대해 목말라 하고 있었다. 의존적인 교인을 기르겠다는 것이 아니다. 예수님이 말씀하셨던 가르침에 비춰볼 때, 대형교회에서의 신앙생활은 결핍된 것이 많았다.

목자는 양을 각각 알고 그 이름을 불러 인도한다(요 10:3). 대형교회에서는 그런 일이 불가능했다. 익명성에 묻혀 지내는 것이 좋아 큰 교회에 나왔지만 구체적인 돌봄과 소통에 대한 목마름은 해갈될 수 없었다.

담임목사님과는 자신의 영적인 문제를 구체적으로 상의하기 어려웠고, 부목사는 정들 만하면 바뀌어 새로운 목회자와 모든 이야기를 다시 해야 하는 상황이 반복되었다. 교인들은 이런 상황이 반복되면서 외로워했다.

이런 현실을 보면서 나는 설교자가 아닌 교인들의 영혼을 구체적으로 돌보는 영혼의 목자이고 싶었다. 그런 교회를 만들고 싶었다. 또 병든 영혼의 집합소가 아니라, 성숙한 교인들이 서로 사랑하는 교회를 만들고 싶었다. 이런 교회에 대한 열망은 누가 가르쳐준 것도 아니었는데 내 마음속 깊은 곳에서 불꽃처럼 타올라왔다.

정자동 지하상가를 임대하기로 결정한 다음, 하나님께 청구서를 내밀었다.

"하나님! 계약금이 필요합니다. 돈 좀 주세요."

하나님은 아무 말씀이 없었다. 계속 청구서를 들이미는데도 결제가 떨어지지 않아 하나님 비서가 결재를 올리지 않나(?) 싶어 더욱 간곡히 말씀을 드렸더니 응답이 왔다.

"네 손 안에 있지 않니?"

"제 손 안에는 아무 것도 없습니다."

"아니, 네게 있다."

"혹시 우리 두 아이들의 교육을 위해 저금하고 있는 돈을 말씀하시는 거예요?"

아무 말씀이 없으셨다.

나는 아버지가 일찍 돌아가시는 바람에 어렵게 공부했다. 우리 아이들은 그런 어려움을 겪지 않게 해야겠다고 생각하여 조금씩 돈을 모아가고 있었는데 그 돈을 말씀하고 계셨다.

"하나님, 죄송하지만 그건 안 됩니다. 아시잖아요? 제가 얼마나 아픈 마음으로 그 돈을 모으고 있는 지 아시면서 그 돈을 달라 하시면 곤란합니다. 우리 두 아이 교육하는 데 써야 합니다."

"아이들 교육? 그건 걱정하지 마라."

결국 아이들을 교육하는 데 쓰려고 준비했던 돈을 털어 계약금을 내고, 인테리어공사를 마쳤다. 교회를 시작하면서 운영과 관련된 구체적인 고민이 있었다. 교회에 처음 나오는 교우들이 헌금하는 데 부담을 느낄 것이 분명했다. 그러면 매달 필요한 임대료와 관리비를 어떻게 할 것인가 고민하다가 소망교회에서 지원해준 돈 가운데 얼마를 대우MMF에 맡겼다. 거기서 매달 이자를 받아 교회를 운영해야겠다고 생각한 것이다. 그런데 불과 몇 개월이 지나지 않아 대우 MMF가 부도가 나버렸다. 후에 전액을 찾기는 했지만 처음에는 돈을 찾을 수 없을 것이라는 소문이 돌아 매우 걱정스러운 상황이 발생한 것이었다. 어떻게 임대료를 낼 수 있을까 걱정하는데 음성이 들려왔다.

"강 목사! 너는 누구를 믿느냐? 나를 믿고 개척한 것이냐 은행에 있는 통장을 믿고 일하는 것이냐?"

하나님을 전적으로 신뢰하고 홍해를 건너가야 하는데 은행에 있는 통장을 믿고 일하는 것 같아 회개했다. 위기는 다른 데 있지 않았다. 하나님만 바라보고 목회를 해야 하는데 자꾸 통장 잔고가 아른 거렸다. 전적으로 하나님만 의지하며 교회를 세워가자고 했던 처음 마음이 금새 흔들리고 있었다. 그때 하나님은 통장을 묶으시고, 나를 고립시켰다.

성경에는 그런 일이 많이 소개되어 있다. 모세는 자신의 실수로 살인을 저질러 미디안광야로 도망하여 거기서 꼼짝하지 못한 채 40년을 보내야 했다. 바울은 로마에 가서 복음을 전하고자 했으나 예루살렘에서 포박되어 가이사랴 감옥에 갇혔다. 그 감옥에서 하나님만 바라보아야 했다.

하나님을 바라보도록 요구하시는 사건을 통해 다시 믿음을 새롭게 하자, 훨씬 자신감이 생겼다. 걱정과 염려를 내려놓자 마음속 깊은 곳에서 든든함이 생겼다. 믿음을 새롭게 하여 나 자신을 정비하고 있을 때, 어떤 권사님 한 분이 저녁을 먹자며 서울로 불러냈다.

시골밥상이라는 식당에 들어가 식사를 주문하고 앉았는데 권사님이 술을 한 잔 사달라고 했다. 좀 어색했지만 선뜻 동동주 한 병을 주문했다. 그리고 동동주 한 사발을 따라드렸다.

천천히 한 잔을 마신 권사님이 봉투 하나를 꺼내 건네더니 헌금이라면서 개척하는 데 보태라고 했다. 받은 봉투를 밥상 위에 올려놓고 있기가 민망해서 양복 안주머니에 넣었더니 꺼내서 열어보라고 했다. 약간 어색했다. 이런 경우 책이나 양복 안주머니에 넣어두었다가 돌아오는 차 안에서 열어보는 게 상례였다. 어떻게 하나 망설여졌다. 다시 재촉을 받게 되자 봉투를 꺼내 열어보았다. 순간 머리카락이 모두 거꾸로 서는 것 같았다. 거기 대우에다 맡긴 그 액수의 돈이 들어있었다.

돌아오는 차 안에서 "하나님만 의지하는 것의 실재"를 새삼 느끼게 되었다. 목회에서 가장 큰 시험이 무엇인지 묻는다면 나는 하나님에 대한 믿음이 흔들리는 것이라고 말하겠다. 목사가 어떻게 그럴 수 있느냐고 꾸짖을지 모르지만 근심과 걱정이 밀물처럼 밀고 들어올 때면 밤잠을 이루기가 어려웠다. 매달 내야 하는 임대료와 관리비, 그리고 필요한 운영비는 생각보다 무거운 짐으로 다가왔다. 그럴 때마다 하나님을 바라보지 않고 시선을 다른 데 둘 위험이 도사리고 있었다. 그렇다고 시선을 둘 만한 다른 곳이 있는 것도 아니었다. 걱정하고 염려하는 것, 그로 인해서 머리카락이 희어져가는 것, 그 자체가 불신앙이었다. 이런 위험은 나만의 문제가 아니었다.

정자동에서 이매동으로 교회를 옮길 때 정자동 예배당이 없어지지 않기를 바랬다. 잘 갖춰진 예배당과 시설을 철거해버리기에는 너무 아까워 여러 방편으로 사역자를 찾았다. 다행히 한 젊은 목사님과 연결되었다. 그 분은 개척교회를 시작하려는 의지가 확고했다. 다행이다 싶어 교인들 간에는 모든 시설도 넘겨주고 아직 남은 임대 잔여기간의 월세도 보증금에서 지불해주는 것이 좋겠다는 합의가

땅끝에선 아이들 또 오겠습니다

있었다. 어차피 건물주는 약 1년 남은 잔여기간을 채우지 않은 우리에게 잔금을 지불할 것 같지 않은 상황이었기 때문이었다.

다만 그 목사님께는 아무런 언질도 하지 않았다. 이유는 개척하려는 확고한 의지만큼 하나님을 바라보기를 기대했기 때문이었다.

그 목사님은 내가 쓰던 담임목사 사무실을 방으로 꾸며 기거하면서 목회를 시작했다. 한 달쯤 되었을 때 우리는 계약을 하기로 했다. 건물에 관한 일체의 권리와 책임을 새 목회자가 담당하는 서류에 사인을 하기로 한 것이다.

그런데 약속시간에 그 분이 나오지 않았다. 가정에서 합의가 되지 않아 그러니 얼마간의 시간적 여유를 달라고 했다. 그러자고 하고 다시 약속 날짜를 잡았는데 역시 나타나지 않았다. 부부를 불러 무엇이 문제냐고 물었더니 월세가 걱정이 되어 시작하기가 겁난다고 했다.

아내에게는 직장이 있었고, 아버지는 은퇴하신 목사님이었는데 온 가족이 반대를 했다. 이유는 간단했다. 월세를 감당하기 어렵다는 것이었다. 나는 속으로 이렇게 말해주고 싶었다. '월세는 다 해결되어 있는데… 1년만 해보고 안 되면 그만 둬도 아무런 손해가 나지 않는데…' 1년간의 임대료는 이미 준비되어 있어서 그 분은 믿음으로 발을 내딛기만 하면 되는데 망설였다. 끝내 서류에 도장을 찍지 못했고, 한 달 정도 운영되던 교회는 그것으로 문을 닫아야 했다. 믿음 없는 나를 보는 것 같았다.

하나님께서 이미 해결해놓고, 믿음으로 응답하기만을 기다리신다는 것을 전혀 눈치 채지 못했다. 믿음으로 나오면 되는 일인데 염려의 수렁에서 걸어 나오지 못했다. 그때 내가 깨달은 것은 믿음의 반대말은 불신이 아니라, 염려라는 사실이었다.

믿음이란 머릿속에 있는 생각이 아니라, 머리를 점령한 생각이다. 우리 머릿속에 있는 하나의 생각이 아니라, 우리의 생각을 완전히 점령하고 있는 그 무엇이어야 한다. 우리의 생각을 완전히 점령하고 있는 하나님에 대한 기대와 소망, 그것이 믿음이다. 이 믿음으로 다윗은 골리앗을 이겼고, 모세는 홍해를 건넜다. 다니엘은 사자굴속에 던져졌으나 먹히지 않았고, 마리아는 성자 예수님의 수태고지를 받아들였다.

오병이어 기적을 일으킨 후 예수님은 혼자 산으로 가시고 제자들은 배를 타고 갈릴리호수를 가로질러 가버나움으로 가고 있었다. 그때 큰 풍랑이 일어 제자들이 어려움을 겪고 있었는데 예수님께서 물 위로 걸어오셨다. 유령이라고 소리 지르는 와중에 베드로가 "만일 주님이시거든 나를 명하사 물 위로 오라 하소서"(마 14:28)라고 했다.

"오라!"

예수님의 말씀을 듣고 물 위로 걸어가던 베드로가 바람을 보고 무서워하여 물속으로 빠져들었다.

"믿음이 작은 자여 왜 의심하느냐!"

예수님의 음성을 듣고 뛰어내렸는데 정작 시선은 바람에 꽂혔다. 예수님을 향하여 가는 길인데 그 분을 바라보지 않았다. 그것은 베드로만의 문제가 아니라 목회자로 출발한 나의 문제였다.

하나님은 당신의 종들이 당신을 바라보기를 원하신다. 바람이 얼마나 거세게 부는가, 사람들의 반대가 얼마나 심한가, 그런 것은 문제가 되지 않는다. 중요한 것은 내가 하나님을 바라보고 걷고 있는가 하는 것이다. 그 후 이런 저런 걱정이 있을 때마다 나는 속으로 외친다.

하나님만 바라보기!

9

싸우지만 않아도 교회는 부흥한다

교인들이 몇 십 명 되자 남성 성도들이 남선교회를 결성하더니 어느 토요일 오후 야유회를 갔다. 나는 토요일이어서 주일준비를 해야 했으므로 함께 가지 못했는데 야유회에서 돌아온 남선교회 회원들의 분위기가 좋지 않았다. 들은 이야기는 이랬다. 개를 한 마리 잡아 파티를 하게 되었는데 참석자 한 분이 술병을 꺼냈다. 한 잔씩 마시자고 술잔을 돌리니 마신 사람도 있었고, 교회 모임에서 술을 마시면 어떻게 하느냐며 강력 반발한 분도 있었다. 결국 두 그룹으로 나뉘어 다투다 돌아왔다. 그리고 그 때 야유회를 갔다 온 분들은 모두 교회를 떠났다. 나는 지금도 교인들이 토요일 날, 개 잡아 먹으러 간다고 하면 쌍수를 들고 반대한다. 또 교인들이 싸우고 돌아올까 걱정되기 때문이다.

신대원에 다닐 때 지금은 고인이 되신 한경직 목사님이 강사로 오셔서 말씀을 하시고 질문에 답하는 시간이 있었다. 학생 중 한 명이 "목사님! 교회는 어떻게 하면 부흥합니까?"라고 묻자 한 목사님은 "교인끼리 싸우지만 않으면 부흥하지요"하셨다. 나는 그 때 한 목사님의 말씀을 납득하기 어려웠다. 교인들 끼리 무슨 싸울 일이 있을까 싶었기 때문이었다.

그런데 개척교회를 한 다음 한 목사님의 말씀이 경험에서 우러나온 이야기란 걸 알게 되었다. 교회 부흥, 교인들끼리 싸우지만 않으면 된다!

나는 교회에서 단체로 소풍을 가거나 주일날 야외에서 예배하는 것을 좋아하지 않는다. 경험적으로 볼 때 주일날 야외에서 예배를 드리면 못 가는 사람이 있다. 왜 교회가 앞장서서 예배를 드리지 못하게 하는 것일까 의아했다.

또 유원지에 온 교회 차량을 볼 때 좋아 보이지 않았다. 그럼에도 한 번은 권사님들을 모시고 내장산 단풍 구경을 갔다. 일체감을 형성하는 데 보탬이 될까 하는 기대감 때문이었다. 혹 시험에 들까봐 경비는 교회가 담당하기로 했다.

그런데 오면서 싸웠다. 행사에 필요한 경비를 교회가 지불했는데도 자체적으로 얼마씩의 회비를 거두자 한 것이 문제가 되었다. 6명 정도 되는 권사님들 가운데는 넉넉한 분도 있고, 어려운 분도 있었는데 각출하는 금액에 대해 의견을 달리한 분이 있었다. 분위기가 어색해지더니 액수가 많다고 주장했던 분들 가운데 한 분이 곧바로 교회를 옮겼다. 그 후 다른 분들도 하나, 둘 교회를 떠났다.

싸우고 난 다음 일어나는 현상은 비슷했다. 먼저 당한 쪽 사람이

나간다. 그 다음에는 문제를 일으킨 쪽의 교우들이 나간다. 교회에서 싸운 사람들은 어떤 형태로든 교회를 다른 데로 옮겨 갔다. 이런 일이 거듭 발생하자 원인이 무엇인지 고민했다. 여러 가지 이유가 있겠지만 반대의견을 처리하는 능력부족과 주도권 싸움이 원인이었다.

사람들이 모여 뭔가를 할 때, 가치관이나 의견이 다른 것은 너무도 당연한 일이다. 그러므로 어떤 사안을 놓고 논의할 때 믿음이 있는 사람들이 믿음이 연약한 사람들을 품어주어야 한다. 관용이 필요하다.

그런데 현실에서는 그렇게 되지 않는다. 충돌해버리는 경우가 많다. 상대방을 무시하거나 미워하고 심지어는 승패게임으로 간다.

예수님은 승부욕이 없었는데 예수님의 제자인 우리들은 승부욕에 불타는 것 같다. 왜 이렇게 이기려고 할까? 왜 이렇게 자신이 옳다고 주장하는 것일까? 그리스도인은 자신의 옳지 않음을 인정한 사람들인데 현실은 그렇지 못한 경우가 많다. 그래서 다툼이 있고, 정죄가 있고, 분열이 있다.

곽선희 목사님께 들은 잊지 못할 이야기가 있다. 소망교회가 막 시작되었을 때 남선교회 회원들의 초대를 받아 어떤 성도의 집에서 식사를 하게 되었는데 식탁 위에 소주잔을 놓여 있었단다. 교회를 전혀 알지 못하던 분들이 교회에 와서 세상에서 하던 그대로 하고 있었다.

내심 당황했지만 목사님은 마치 아무 일도 없는 듯 건배를 외치고 술잔을 받아 놓았다 했다. 그 분들은 교회에 나와 너무 행복하다고 좋아하면서 소주잔을 기울였다. 목사님은 아무런 내색도 하지 않았다 했다. 그리고 세월이 흐른 뒤 그 이야기는 전설이 되었다.

　고맙게도 그 때 술잔을 즐거이 들었던 분들이 교회의 장로가 되고, 지도자가 되었다 했다.

　술잔을 들고 건배를 외치는 사람에게 이건 잘못되었다고 지적하고 비난했다면 어떻게 되었을까? 아마 틀렸다고 말할 수는 있었겠지만 영혼을 건지는 데는 실패했을 것이다.

　교회 안에서 누가 옳고, 누가 틀린 것일까? 영혼을 살리는 일이면 옳고, 한 영혼이라도 잃어버리는 일이라면 틀린 것이라고 나는 생각한다. 교회 공동체에서 정말 중요한 것은 옳고 그름의 문제가 아니다. 왜냐하면 교회는 '나는 틀렸습니다.'라고 인정한 사람들의 모임이기 때문이다.

　교회를 시작한 후 관용이 얼마나 소중한 덕목인지 절감했다. 나와 다른 사람을 수용하는 능력이 얼마나 귀한 것인지 절실히 깨닫게 되었다. 교회에는 틀렸다고 말하는 것이 아니라, 괜찮다고 말하는 사람들이 필요했다. 그런데 관용하기 보다는 심판하고, 거절하며 상처입히는 사람들이 많았다. 그런 사람들의 깊은 곳에는 쓴 뿌리(히 12:15)가 있다. 그 내면세계를 치유 받아야 할 사람들일수록 상처주는 일을 많이 했다. 그들은 은혜에 이르지 못했기에 자신의 옳음을 강력히 주장한다. 그런 교우들로 인해 교회에 다툼이 그치지 않는다.

　신앙생활에서 믿음이 중요하다고 생각했다(요 5:24). 그런데 개척교회를 하면서 느낀 것은 믿음보다 사랑이 더 중요하다는 것을 깨달았다(요일 3:14). 형제를 사랑함으로 사망에서 생명으로 옮겨진다는 사도 요한의 말씀은 그의 목회경험에서 우러난 고백임에 틀림없다. 왜 믿음이 중요하지 않겠는가? 하지만 사랑 없는 믿음의 강조는 자칫 자기경험의 우월성만 자랑하게 된다.

이렇게 되면 교회공동체를 분열되고 선악과(?)를 따먹고 엉겅퀴와 가시를 내는 사람들로 가득해져서 서로를 찌르게 된다. 그로 인해 피 흘리는 사람들이 많아지면서 교회는 영주도적인 공동체가 아니라, 사람들의 모임으로 전락하고 만다.

나는 교회에서 성장하면서 자기우월을 내세우는 주도권싸움을 많이 봤다. 그래서 우리 교회에는 그런 일이 없기를 바랬지만 현실은 내 기대와 달랐다.

객관적으로 볼 때 자랑할 것이라고는 눈곱만큼도 없는 사람일수록 더 자기우월을 자랑했고 옆에 추종자를 만들어 함께 행동하려고 했다. 힘을 과시하고, 자기 아니면 안 될 것처럼 말했다. 그것은 자그마한 개척교회에 또 하나의 도전이 되었다.

어떤 권사님이 성도들을 충동질해서 다른 교회로 옮겨가려고 한 사건이 있었다. 교인 숫자가 100명이 될까 하던 때였는데 가까이 지내던 모든 교인들에게 전화를 걸어 함께 나가자고 했다. 다행히 거의 모든 교인들은 반응을 보이지 않았는데 두 분 권사님이 동조해서 함께 나갔다. 그것은 작은 교회에 큰 어려움이었고, 내 마음을 힘들게 했다.

그 일로 마음이 편치 않게 지낸 한 주를 뒤로 하고, 토요일 오후가 되었다. 지난 6년 동안 한결같이 꽃꽂이 봉사를 해주시던 최언순 집사님 내외분이 사무실로 들어왔다. 성령께서 무슨 일인지 오늘 드림

교회에 등록카드를 내고 가라고 한다면서 남편이 먼저 등록하여 교인이 되고, 자신은 하던 일이 있으니 마무리를 하고 내년 초부터 합류하겠다고 말했다. 놀라운 사건이었고, 이 일은 상심해 있는 나에게 상당히 위로가 되었다.

그 다음 날 주일 아침 1부 예배를 드리는데 전에 부목사로 일했던 교회 권사님이 예배당으로 들어왔다. 분당에 무슨 볼 일이 있나 의아해 하면서 예배를 인도했다. 돌아가는 교우들을 배웅하고 그 권사님을 내 사무실로 모셨다. 반가운 마음으로 어쩐 일이냐고 물었더니 성령께서 오늘 드림교회에 가서 예배를 드리라고 했다는 것이다. 그러면서 자신이 생각한 것보다 훨씬 큰 액수의 돈을 드리라고 했다면서 헌금을 내놓고 격려한 뒤 올라가셨다.

그 후 그 분을 개인적으로 뵌 적은 없으나 그 분은 그날 왜 거기에 오게 된 것인지 알지 못했을 것이다.

이 두 가지 사건은 나에게 큰 위로와 격려가 되었다. 이런 일을 겪으면서 교회의 주인은 사람이 아니라, 하나님이라는 사실을 새삼 깨달았다. 나는 하나님의 집에 고용된 일꾼에 불과하다. 나는 주인이 아니다. 생각해보면 교회를 개척하여 지금 여기까지 오게 하신 하나님은 사람도 보내주셨고, 필요한 돈도 공급해주셨다. 교회의 머리는 예수님이시고, 이 교회의 주인은 하나님이시다. 나는 성실한 마음으로 양떼를 돌보는 목자의 역할을 충실히 하는 것으로 충분하다고 믿는다.

한 번은 이동원 목사님이 "목회는 무엇이라고 생각해?"라고 물으신 적이 있었다. 대답을 못하고 있으니 "목회는 숫자야!"라고 말했다. 웃자고 하신 말씀이었지만 뼈가 있는 이야기였다.

목회가 어느덧 숫자가 되었다. 몇 명 모이는 지, 헌금은 얼마나 나오는 지로 목회가 판단되는 세상이 되었다. 그러기에 목회자들은 어떻게 해서든지 숫자를 늘리려고 애를 쓴다. 더 많은 성도가 모이고, 더 많은 헌금이 걷히는 것이 중요하다고 생각하는 것이다. 과연 그럴까? 목회는 정말 숫자일까?

가끔 혼자 자문해본다.

"몇 명이나 모이는 교회가 되었으면 좋겠니?"

이 질문에 선뜻 대답할 수가 없다. 다만 어떤 교회였으면 좋겠는가라는 질문에는 대답을 할 수 있다. 최소한 싸우지 않는 교회, 최대한 사랑 가득한 교회였으면 좋겠다. 나는 지금 사랑 가득한 교회에서 목회를 하고 있다. 사도행전적 교회를 꿈꾸면서 모여 기도하고 서로 사랑하는 교회, 그리고 나가서 증인이 되는 교회를 세워가고 있다.

10

하나님의 길 여심

청년시절 가난한 사람들을 위해 일하고 싶은 마음을 가졌었다. 가난하고 소외된 사람들을 위해 봉사하는 것이 의미 있겠다 싶어 진로를 놓고 고민한 적이 있었지만 포기했다. 그런 길을 선택하면 평생 누군가에게 도와달라고 지속적으로 손을 벌려야 할 것 같았고 내게 맞지 않는 옷을 입는 것과 같았다. 고민하다가 그 길로 가지 않기로 했다. 하지만 가난한 사람들에 대한 애정과 말씀을 문자적으로 순종하고 싶은 마음은 여전히 남아 있다.

"또 누구든지 제자의 이름으로 이 작은 자 중 하나에게 냉수 한 그릇이라도 주는 자는 내가 진실로 너희에게 이르노니 그 사람이 결단코 상을 잃지 아니하리라 하시니라." 마 10:42

어려운 분들에게 냉수 한 그릇이라도 사랑을 가득 담아 대접하며 살고 싶어 대학생 때는 꽃동네 오웅진 신부님을, 목회자가 된 이후에는 최일도 목사님을 도우며 지냈다.

교회를 개척할 때 나에게는 소망이 하나 있었다. 기독교교육을 전공했으므로 교회학교를 활성화시키는 데 일조하고 싶었다. 현재의 교회학교는 예배를 드리고 공과 중심의 성경공부를 하는데 그것을 활동중심으로 바꾸고 싶었다.

그런데 길이 잘 열리지 않았다. 여러 차례 연구소를 만들어 구체적인 자료개발을 꿈꾸었지만 성사되지 않았다. 대신 대안학교 설립은 일사천리로 길이 열렸다.

충신교회에서 중등부를 맡아 파트타임전도사로 일하고 있을 때, 방배동에 사는 한 엄마가 자녀를 신앙적으로 기르고 싶다며 나를 찾아왔었다. 후에 들은 이야긴데 자신은 여러 교회의 중등부 담당 사역자를 만났지만 그 누구도 자신 있게 아이를 맡기라고 말하지 못하더란다. 그런데 유독 나는 걱정하지 말고 맡기라고 말해 아이를 충신교회 중등부에 데려오게 되었다고 했다.

그 분의 자녀들을 돌보면서 교육에 대한 열정이 있는 것을 발견했다. 설득하여 대학원(M.A)에서 공부를 하자고 권했다. 고맙게도 순종해주었다. 졸업한 후 그 분은 독수리학교라는 대안학교를 열정 하나로 세웠다. 평범한 주부였고, 그렇게 한 평생 살려고 했던 분인데 하나님은 그를 통해 학교를 세우셨다.

목회를 하면서 내 야망과 '하나님의 비전'의 차이에 대해 많은 생각을 했다. 하나님의 사람은 그 분에 의해 고용된 존재인데 이를 착각하여 내가 뭔가를 이뤄드려야 하는 것처럼 나서다 실수하는 경우가 있다.

가룟 유다가 그랬다. 유다는 열심당원으로 메시야신 예수님을 이용해서 이스라엘을 로마 압제에서 건져내려고 했다. 야망에 눈이 먼 유다는 예수님을 팔아먹는 실수를 범했을 뿐 아니라, 원하는 것을 손에 쥐지도 못하는 허망한 삶을 살고 말았다.

바울은 다메섹으로 가다가 예수님을 만난 후, 그 분에 대해 증거하고 싶었다. 거리로 뛰쳐나가 복음을 전했으나, 결과는 예상한 것과는 전혀 다르게 나타났다. 유대인들이 그를 죽이려고 한 것이다. 배신자로 여겼기 때문이다. 그렇다고 기독교 지도자들이 그를 환영한 것도 아니었다. 고민 끝에 바울은 아라비아 광야로 들어가 3년 동안 자신의 경험을 체계화하는 시간을 보냈다. 그리고 고향 다소로 돌아갔다.

예수님을 만난 후, 무려 13년이란 세월이 흘렀다. 그동안 위대한 선교사가 되겠다든가 성경책을 열 권 이상 써야겠다는 비전을 세우고 있었던 것은 아니었다.

그런데 뜬금없이 바나바가 찾아왔다. 그 분을 따라 나섰다가 안디옥에서 공동목회를 하게 된다. 얼마간의 목회 후, 바나바와 함께 선교사로 파송되었다. 바울이 계획했던 일이 아니었다. 선교사가 된 바울은 아시아쪽으로 가려고 여러 번 노력했으나, 성령이 길을 열어주지 않았다.

어느 날, 환상을 보고 마케도냐지역 빌립보로 건너갔다. 계획하지 않았던 3차 전도여행을 마치면서 하나님이 자신을 로마로 보내려고 한다는 것을 깨달았다. 그는 심령에 매인 바 되어 예루살렘에 갔다가 죄수가 되어 로마에 압송되었다. 죄수가 되어 로마감옥에 앉아 있으면서 복음을 전했는데, 그가 전한 복음이 로마를 뒤집어 놓았다. 그 모든 것이 바울을 통해 로마를 구원하시려는 하나님의 계획이요 시나리오였다. 인생은 수동태다. 하나님께서 나를 통해 이루시고자 작정한 것이 있다.

> "그런즉 내게 작정하신 것을 이루실 것이라 이런 일이 그에게 많이 있느니라." 욥 23:14

쓰임에는 고난도 있고, 영광도 있다. 때를 따라 도우시는 하나님의 놀라운 은혜도 있고, 태산을 넘어 험곡을 지나야 할 때도 있다.

하나님의 뜻이 어디 있느냐는 질문은 기독교인들에게 매우 중요하다. 하나님의 뜻이 아니면 멈춰 서고, 하나님의 뜻이면 가야 하기 때문이다. 어떤 목사님은 이 질문에 대답하는 세 가지 기준이 있다고 했다.

"첫째, 다른 사람은 어렵다고 해도 나는 쉬워야 합니다.

둘째, 그 일만 생각하면 웃음이 절로 나고 즐거워야 합니다. 만약 전혀 즐겁지 않다면 그것은 하나님께서 허락하신 것이 아닙니다.

셋째, 하나님의 뜻이 있으면 닫혀 있던 길도 가까이 가면 열리고, 불가능해 보였던 일이 가능해지면 거기 하나님의 허락하심이 있습니다."

이 간단한 원칙은 하나님의 뜻을 묻는 분들에게 매우 중요한 기준이 된다. 하나님의 뜻이 있는 곳에 길 여심이 있다.

십대들의 쪽지라는 무가지를 발행하던 김형모라는 사람이 있었다. 자신의 묘비에 '청소년의 아버지'라 쓰고 싶었던 사람이었는데 지금은 고인이 되었다. 생전에 사무실을 이전해야 하는데 돈이 없다면서 5,000만 원만 구해달라고 했다. 나는 기도해보자고 말하고, 어떤 분에게 부탁했는데 선뜻 그 돈을 주겠다고 했다. 그렇지 않아도 5천만 원짜리 계를 타는데 그 돈을 어디에 써야 하나 기도하고 있었다면서 흔쾌히 건네주겠다고 했다.

그런데 주기로 했던 분이 주기 어렵게 되었다는 소식을 전해왔다. 기도를 하는데 하나님께서 반대하신다는 것이다. 결국 받지 못했고, 나는 가운데서 난처한 입장이 되고 말았다.

그 즈음에 청량리에서 행려자들을 위해 밥을 해주며 살고 있던 1년 선배 최일도 목사가 전화를 하셨다.

"강 목사! 나 쫓겨나게 생겼다. 집주인이 집을 사거나 나가라고 그래서 사야 할 것 같아, 돈 좀 구해줘!"

"얼마나 필요한데요?"

"응 이 집이 2억 1천만 원이래. 전세금으로 3천만 원이 있고, 정명훈 씨가 한 2천만 원 구해준다고 그러네. 1억만 구해줘!"

먹고 죽으려고 해도 구할 수 없는 돈이었다. 한 끼 식사비가 350원인 신학교에서 그 돈도 없어 굶어야 할 처지였던 내가 어디서 그렇게 많은 돈을 구할 수 있겠는가?

병원에 심방을 갔다가 예배를 드린 후 의도하지 않았음에도 최일도 목사에 관한 이야기를 하게 되었다. 특별한 기대를 가지고 한 이야기가 아니어서 잊고 있었는데 얼마 지나지 않아 연락이 왔고, 1억을 보내주셨다. 참 놀라운 일이었다. 기쁜 마음으로 다일공동체에 전화를 걸어 돈이 크니 큰 차를 가져오라 했다. 돈이 크다는 말을 들은 스텝들이 봉고차를 몰고 왔고 1억짜리 수표 한 장을 건네주었다.

그 후 최일도 목사의 사역은 날개를 단 것처럼 확장되기 시작했다. 그 때 하나님은 어떤 일에 대해서는 길을 여시고, 어떤 일에 대해서는 길을 막으신다는 것을 깨달았다. 어떤 길은 막으시고, 어떤 길은 열어주는데 길 열어주는 곳으로 가는 것이 그리스도인의 삶이다. 닫힌 길 앞에 너무 오래 서 있으므로 아까운 시간과 소중한 에너지를 허비한다. 열어주시는 문 앞으로 달려가는 것이 지혜로운 일이다.

바울은 무시아에서 비두니아로 가고자 애썼다. 그러나 예수의 영이 허락하지 않자 드로아로 내려갔다. 거기서 밤에 환상을 보게 되는데 마게도냐에서 건너와 도와달라는 내용이었다. 이에 바울은 마게도냐로 떠났다. 그것이 하나님의 부르심이라 인정했기 때문이었다.

만약 바울이 고집을 피우며 비두니아로 가고자 했다면 어떻게 되었을까? 아마 바울의 사역은 거기서 끝났을 것이다. 바울은 밤에 본 환상을 귀중히 여겨 그 환상을 따라갔다. 하나님께서 길을 열어주는 데로 가야 한다는 것을 누구보다 잘 알고 있었던 것이다.

우리나라에 선교사로 와서 연세대학교와 세브란스병원을 설립하신 언더우드라는 선교사가 있었다. 그 분은 인도에게 가서 복음을 전하려고 의학과 언어를 공부했다.

그러던 어느 날 조선으로 가라는 하나님의 음성을 들었다. 들어보지 못했던 나라 이름이었다. 과연 조선이라는 나라가 지구상에 있는지 궁금했다. 지도를 펴고 조선이라는 나라가 있는지 살펴보았더니 중국 옆에 자그마한 글씨로 쓰인 조선이 있었다. 그는 자신의 계획을 내려놓고 조선으로 건너왔다.

이 땅에서 그가 남긴 업적은 학교와 병원을 세운 것 이상이었다. 위대한 선교사 언더우드는 열린 문을 향해 걸어갔고, 그 열매는 상상을 초월했다.

나는 선한 목자이신 예수님 뒤에 서 있다. 그 분이 인도하는 곳이면 어디든 가려한다. 하나님께서 나를 통해 이루시고자 하는 일이면 나는 그 길을 갈 것이다. 그리고 이렇게 고백할 수 있었으면 좋겠다.

"저는 무익한 종입니다. 제가 하여야 할 일을 한 것뿐입니다."

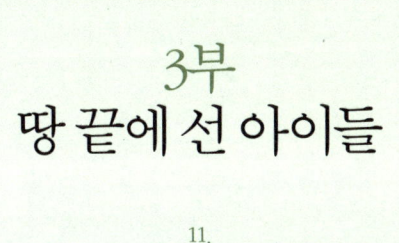

3부
땅 끝에 선 아이들

11.

거기, 부르심이 있었다

12.

건져내기와 세우기

13.

재미에 빠져 길을 잃은 아이들

14.

나는 쓸모 있는 사람

15.

꿈과 비전이 없다

16.

두려움에 갇힌 아이들

17.

학습하는 자유

11

거기, 부르심이 있었다

이매동 새 건물에서 어떤 사역을 펼치면 좋을지 기도하다가 대안학교를 세우기로 했다. 선교를 목적으로 하는 미션스쿨이 아니라, 크리스천 스쿨을 설립하기로 한 것이다. 미션스쿨이 선교를 목적으로 세워진 데 비해 크리스천 스쿨은 성도들의 자녀를 받아 기르는 학교이다.

대안학교를 시작할 때 출발점은 단순했다. 공부하는 것에 흥미를 잃고 방황하는 아이들이 패자부활전을 할 수 있도록 도와야겠다는 마음이 간절했다. 분당에서 장자동은 꽤 범위가 넓은 데 아래쪽 정자동은 부촌이다. 그에 비해 위쪽 정자동에는 가난한 동네가 있고, 방치된 아이들이 있었다. 그 아이들은 방과 후 교회에 와서 오락을 하거나 만화를 보면서 지냈다. 이렇게 공부에 자신이 없고, 삶의 의미를 찾지 못해 방황하는 청소년들, 땅 끝에 서 있는 아이들을 위해 뭔가 해야겠다는 생각을 했다. 그 생각의 열매가 대안학교였다.

학교를 설립하자 어떤 분들은 나에게 딱 알맞은 일이라며 칭찬하셨지만, 목회를 시작하면서 학교를 설립하려는 계획은 나에게 없었다. 이매동에 성전을 구입해놓고 보니 주 1회만 사용하기에는 너무 아까운 건물이었다. 이미 대안학교를 하고 있는 어떤 분에게 우리 건물에 들어와서 하면 어떻겠느냐고 제안했으나 그 분은 거절했다. 그 학교가 들어오기에는 공간이 좁았던 것 같다.

나는 이 사역을 내가 하기 원하는지 하나님께 물었다. 기도를 하자 그렇게 마음 아팠던 청소년아이들이 떠올랐다. 그들을 위해 뭔가 할 수 있는 기회라는 생각이 들었다. 흔히 비난받는 것처럼 기독교 귀족학교가 아니라, 애통함으로 청소년들을 건지는 학교를 세우는 것이 좋겠다는 확신이 들었다. 오묘하게도 길이 열리기 시작했다. 연구위원들이 모이고, 바람직한 모델의 학교가 그려졌다. 모든 것이 일사천리로 진행되었다.

먼저 몇 명의 연구위원들과 6개월간의 준비모임을 시작했다. 양완승 집사는 창의적인 아이디어가 많아 여러 가지 아이디어를 냈다. 먼저 학교 이름을 정하자고 하면서 꿈틀학교가 어떻겠냐고 했다. 아이들이 이곳에 와서 꿈틀, 꿈틀거리면서 자신의 자리를 찾아가는 사람이 되면 좋지 않겠냐는 것이었다. 또 꿈의 틀을 잡게 되면 좋지 않겠냐고 했다. 연구위원들 모두가 동의해서 검색을 해보니 이미 이름이 있는 학교였다.

그 외에도 여러 이름이 제안되었는데 이름 짓기는 생각보다 쉽지 않았다. 한글 이름, 라틴어 이름, 헬라 이름 등 여러 이름을 이야기하다가 Theos를 생각했나. 하나님에 대한 호칭이 신약성경이 쓰여진 헬라어로 데오스인데, 그것을 영어식으로 표현해서 소유격으로 만들면 참 좋겠다 싶었다. Theos의 첫 자를 딴 의미담기도 생각보다 쉽게 정리되었다.

Thinking Person, 생각이 있는 사람

Hearing Heart, 솔로몬이 구했던 지혜, 듣는 마음을 가진 사람

Effective habits, 좋은 습관을 가진 학생

Operating your Possibility, 잠재된 능력이 발휘될 수 있도록 돕기

Students of Love, 하나님을 사랑하고, 사람을 사랑하는 사람

모두가 좋은 이름이라며 찬성하여 데오스 중고등학교가 탄생했다. 학교 이름이 만들어지면서 어떤 학교를 만들어갈 것인가 하는 문제로 논의주제가 바뀌었다. 모델로 생각했던 학교는 거창고등학교와 필립스 아카데미였고, 핵심가치로 '자유와 책임'으로 잡았다. 상징물로 나비를 선정했다. 누에고치 속에 있는 것 같은 아이들이 이곳에서 나비가 되어 하늘을 날아가게 되기를 기대했다. 학교가 실로암이 되고, 학생들이 하나님을 사랑하는 그리스도의 참된 제자, 자유와 책임을 다하는 하나님 나라 백성으로 성장하기를 기대했다.

신입생 모집광고를 내고, 첫 입학생을 모으기 위한 설명회를 준비했다. 많은 사람들이 올 것이라 예상하여 주차장을 준비하고, 주차

97

11. 거기, 부르심이 있었다

위원도 유급으로 구했다. 준비는 거창하게 했는데 막상 시작하고 보니 딱 한 명이 왔다. 매우 실망스러웠다. 큰 뜻을 품고 시작했는데 호응이 별로 나타나지 않아 학교운영에 관한 기도를 하게 되었다. 그때 두 가지 원칙을 세웠다.

첫째, 하나님께서 보내시는 학생을 받자.

둘째, 우리가 감당할 수 있는 학생이면 받자.

이 두 가지 기준은 지금까지 지켜 내려오는 입학기준이다. 하나님께서 보내시는 학생이면 실력 여부를 묻지 않고 받는다. 또 우리가 감당할 수 있는 학생이라고 판단되면 입학을 허가한다. 이 기준을 세운 뒤 절묘하게 학생들이 모여들었다. 두 명의 학생이 모집되어 있었는데 개학하면서 우리 아이 두 명이 합세하여 4명이 되었다. 네 명이 6명, 8명, 12명이 되는 데는 2개월 밖에 걸리지 않았다. 개교한 첫 해 치고는 많은 학생이 모였다.

이매동 새 건물에는 계약이 만료되지 않은, 세든 사람들이 있었다. 한 집이 나가면 방 하나를 되찾고, 또 한 집이 나가면 또 방 하나를 되찾아 차츰 교육관으로 만들어 나갔다. 그로 인해 원없이 이삿짐을 옮겼다. 식사를 준비할 식당이 없었기에 아내가 밥을 해주면 우리는 그것을 가져다가 교실에서 함께 나눠먹었다. 3,500원을 식비로 받아 나름 맛있는 식사를 준비하느라 최선을 다 했다.

한 학생이 어느 날 이렇게 말했다.

"어~ 왜 스시 같은 것은 안 나옵니까?"

참 어이가 없는 질문이었다. 하지만 나는 격려하며 말했다.

"그래 공부 열심히 해라. 그러면 생선 초밥도, 생선회도 얼마든지 준비해줄 수 있다."

공부는 열심히 하지 않았지만 시골집에서 생선을 가져와서 회를 떠주기도 하고, 초밥을 만들어주기도 했다. 아이들과 함께 가족처럼 지내는 이 사역은 평소 예수님께서 제자들과 함께 지내면서 영향력을 행사하셨던 삶에 대한 동경의 실현이기도 했다. 학생들과 생활하면서 하나님을 사랑하는 사람으로 기르는 것, 그리고 밝고 명랑한 내면세계를 가진 사람으로 키우는 것, 학업의 진보를 이루어 성적이 좋아지게 하는 것까지 구체적인 변화를 이루어내는 행복한 신앙공동체를 만들어갈 수 있게 되었다.

이미 학교가 학생들을 서열화하고, 교육에서 소외시킨 지 오래 된 현실에서 잠재된 재능을 발견하여 새로운 인생을 살 수 있도록 도와주는 것은 매우 의미 있는 과업이라 여겨진다. 이 아이들을 여호와의 기업으로 길러낼 수만 있다면 이보다 더 가치 있는 일은 없다는 확신도 든다.

다행히 지난 몇 년간 학교공동체에서 하나님을 만난 학생들도 많았고, 자신의 재능을 발견하여 새로운 인생을 시작한 학생들도 많았다. 이런 열매를 보면서 느낀 것은 하나님의 부르심이었다.

12

건져내기와 세우기

　　현대교육의 아버지로 불리는 코메우니스는 현재와 같은 교육
제도를 만들어낸 분이다. 그는 매우 확고한 교육이론을 내세워 학생
들을 세속에서 건져내서(educare), 하나님의 사람으로 세워야 한다
(institutio)고 주장했다. 교육에는 건져내기와 세우기가 있다고 말한
것이다. 청소년들은 욕을 많이 한다. 입에서 나오는 말 대부분이 욕
이다. 욕 없이는 말이 안 되는 상황이다. 또 친구들을 따돌리며 괴롭
히기도 한다. 서로 사랑하며 지내야 하는데 그렇게 하지 않는다. 심
지어 폭력을 일삼는 경우도 있다. 이런 현실은 어른 된 우리에게 구
체적인 실천을 요청한다.

　　나는 학교를 세우면서 그런 상황에 있는 아이들을 건져내기로 했
다. '건져냄' 과 '세움' 은 우리 학교가 다루는 첫 번째 주제다. 이를
위해 시작한 것이 '좋은 습관학교' 다.

좋은 습관학교는 스티븐 코비의 책, 성공하는 사람들의 7가지 습관을 기초로 하여 기획되었는데 주도성의 회복, 소중한 것을 먼저 하기, 경청이다. 피동성을 버리고 주도적인 사람으로 세워지는 것, 사소한 일에 시간을 낭비하던 악습을 버리고 소중한 일을 먼저 하는 사람이 되는 것, 산만하게 듣던 태도를 버리고 경청하는 사람으로 세워지는 것은 습관학교에서 강조하는 세 가지 덕목이다.

이 훈련을 통해 자신의 악습을 발견하고 새로운 사람이 되면 우리는 학생들에게 새 옷을 입혀 입학시킨다.

습관학교에서 학생들을 세속에서 건져내어 바로 세우기 위하여 다루는 세 가지 주제들을 좀 더 구체적으로 정리해 보았다.

첫째, 주도적으로 살게 한다. 꽤 많은 아이들이 피동적이다. "산다는 것은 배우는 것이고, 배운다는 것은 자신을 표현하는 것"(하이데거)인데 배움의 주체가 되지 못하고 억지로 끌려 다니는 삶을 산다. 그러다보니 공부를 하는 것이 아니라, 해 준다. 반사적으로 움직이는 아이들에게 인생의 주인은 부모가 아니라, 학생 자신인 것을 일깨워준다. 처음에는 어리둥절해 하던 아이들도 훈련이 끝난 뒤 피드백을 받아 보면 이 주제가 가장 인상적이었다고 한다.

삶은 선물이며, 이 선물의 주인은 학생 자신이다. 우리 어른들은 아이들이 시행착오 없이 인생을 쭉~ 살아가기를 기대하지만, 아이들은 시행착오를 한다. 그럴 때 잘못했다고 비난하지 않고, 온전한 삶을 위한 대화를 나누고, 축복하는 것은 삶에 대한 주도성을 갖게 하는 데 있어서 매우 중요한 활동이다. 삶의 주인이 학생 자신이라는 것과 공부는 자신을 위해 해야 한다는 것을 일깨워준다.

둘째, 소중한 것을 먼저 하도록 권한다. 긴급한 것과 소중한 것의 사 분선을 만들어 긴급하지는 않지만, 소중한 것에 더 많은 시간을 들이도록 훈련한다.

말콤 글래드웰은 그의 책 아웃라이어에서 성공은 재능 플러스 시간들이기라고 강조한 바 있다. 성공은 재능의 문제가 아니라, 스무 살이 되기까지 시간을 어디에, 얼마나 들였느냐에 달린 문제라는 것이다.

성공한 젊은이들을 보면 그의 주장에 고개를 끄떡이게 된다. 성공한 젊은이들은 자신이 하고자 하는 일에 많은 시간을 들였다.

청소년기를 성공적으로 보내지 못하는 학생들의 문제는 긴급하긴 하지만, 소중하지 않은 일에 시간을 허비해버린다는 데 있다. 소중하지 않은 일에 시간을 물 쓰듯 쓴다. 사색을 해야 할 시간에 검색이나 하고, 시간만 나면 컴퓨터 게임을 한다. 오랜만에 친척들이 모였으니 서로 이야기도 나누며 교제해야 하는데 핸드폰을 꺼내거나 컴퓨터 앞에 앉아 기계에 집중할 뿐 사람을 보지 않는다. 이런 악습에서 건져내어 먼저 할 것과 나중 할 것을 구별할 수 있도록 돕는다.

셋째, 경청하는 사람이 되게 한다. 수업시간에 선생님의 말씀에 경청하기, 친구가 하는 말에 경청하기, 나와 생각이 다른 사람의 말에 경청하기는 또 하나의 중요한 주제다. 잘 듣는 것만으로도 성공적인 삶을 살아갈 수 있기에 우리는 집중하여 듣는 사람이 되게 한다.

경청은 잘 듣는 것 이상의 의미를 갖고 있는데, 말 하는 사람의 느낌과 욕구에 반응하며 듣는 것이 경청이다. 말하는 사람이 어떤 감정과 욕구를 가지고 말하는지 가려듣고 반응하게 한다.

땅끝에선 아이들 또오겠습니다

이를 위해 우선, 말하는 사람을 바라보게 한다. 선생님을 바라보고 눈을 맞추지 않으면 듣는 게 아니다. 선생님이 말씀을 하는데 엎드려 잔다든지, 핸드폰으로 문자를 보낸다든지 하는 일은 효과적인 수업을 방해하는 걸림돌이다. 이런 걸림돌을 사용하지 않도록 훈련시킨다.

매 순간, 경청하지 않으면 '현재'를 살지 못한다. 가장 중요한 시간은 현재이고, 가장 중요한 사람은 지금 앞에 있는 사람인데 지금, 여기서 딴 짓을 하고 있으니 현재를 살지 못하는 것은 당연하다. 앞에 서 있는 사람이 누구든지 그에게 집중하고, 경청하는 자세를 갖고 있으면 그 학생은 어디서든 환영받고 사랑받는 사람이 된다. 성공은 자연스러운 결과다.

그럼에도 경청하는 훈련이 안 된 이유는 부모들의 양육방식에 기인한 바 크다. 부모들이 자녀들을 바라보며 말하거나 들어주었어야 하는데 그렇게 하지 않았기 때문에 자녀들도 부모님들이 했던 행동을 확대 재생산하고 있는 것이다.

잘 듣지 않으려는 태도를 버리고 누가 말하든지 귀 기울여 듣는 사람이 되면 그는 성공적인 삶을 살아갈 수 있다. 물론 공부도 잘 할 수 있다. 요즘학생들은 수업시간에도 엎드려 자는 것이 당연한 것처럼 행동한다. 학원에서 선행하여 공부한 부분이니 학교에 와서는 잠을 자도 된다고 생각한다. 말 하는 사람 앞에서 엎드려 자는 사람을 좋아할 사람은 없다.

우리 시대의 청소년들을 세속에서 건져내어, 바르게 세우는 것은 장소의 바꿈에서 시작한다고 믿는다. 잘못된 교육이 시행되고 있는 세속적인 공간에서 우리 아이들을 끄집어내서 바른 교육이 베풀어지는 공간으로 인도해 들여야 한다고 생각한다. 이런 생각이 대안학교를 세우게 했다.

이 일은 엄청난 에너지를 요구한다. 또 나 혼자서만 감당할 수도 없는 일이다. 그래서 교사들과 동역한다. 이 동역을 통해 학생들을 그리스도의 제자, 기독교적 가치관을 가진 사람으로 세워나간다. 예수님이 가르치셨던 모든 것을 아이들에게 가르쳐 지키게 하고, 그리스도를 닮은 사람으로 세워간다. 이 소중한 역사를 위해 나와 교사들은 힘을 다해 봉사한다. 그야말로 하나님은 고치시고, 교사들인 우리는 싸맨다.

건져내기와 세우기, 이 두 기둥 위에 하나님이 거하실 새로운 성전이 지어지기를 소망하면서 오늘도 한 알의 밀알을 심는 마음으로 학생 한 명, 한 명을 사랑하고 있다. 이 사랑의 씨앗이 싹이 트고, 꽃이 되고, 열매로 나타나기를 기대한다.

땅끝에선 아이를 또오겠습니다

13

재미에 빠져 길을 잃은 아이들

알코올 중독, 도박 중독, 쇼핑 중독 등 국민의 16%정도가 중독으로 인해 고통 받고 있다고 한다. 채팅이나 인터넷서핑에 중독된 사람들, 게임에 중독된 사람들도 많다. 어떤 가정에서는 부부가 게임을 하느라 갓난아이를 방치하여 죽음에 이르게도 했다. 어른들만의 문제가 아니다. 하루 종일 컴퓨터를 켜놓고 인터넷 바다를 서핑하면서 시간을 죽이는 학생들이 많아졌다. 흔히 컴퓨터 게임에 빠진 아이들은 문제아일 것이라 생각하지만 현실은 그렇지 않다. 모든 학생들이 컴퓨터 게임을 하고 어떤 아이들은 중독된다. 우리 학교 교사 한 분의 경험담을 여기 소개한다.

"아주 어렸을 적부터 나는 한참 오락실에서 게임을 하고 있으면 주인아저씨가 돈 주면서 다른데 가라고 할 정도로 게임을 참 잘했다. 그리고 무척 좋아했다. 내 기억이 아주 틀리지 않다면 나는 초등학교부터 고등학교 시절까지 단 한 번 지각을 했던 것 같다. 초등학교 때 친구와 둘이서 등교 전에 오락실에서 끝판 왕까지 잡다가 시간이 아침 9시를 훌쩍 넘어 버린 날이다. 그때가 처음이자 마지막 지각이었다. 그만큼 나는 성실한 학생이었으면서도 게임에 대한 무서운 몰입력을 가진 존재였다. 그러나 그렇다고 대놓고 게임만 한건 아니었다. 할 공부는 어지간히 하면서 놀았다.

정말 게임만 하면서 살고 싶다고 그리고 어쩌면 그렇게 살아지겠다고 생각한 적이 있었다. 제대 후 복학을 앞두고 '리니지'라는 게임을 친구들과 시작하면서부터였다. 내 인생에서 게임은 리니지 전과 후로 나뉜다. 그전의 게임은 끝이 있는 그야말로 끝판 왕만 깨면 끝이 있는 게임이라면 리니지부터는 끝이 없는 게임이었다.

게임속의 세상은 계속 확장되고 진화해갔다. 그리고 일정 레벨을 지나면 게임 속 세상은 마치 인간세상과 다를 바 없는 공간이 된다. 사람과 컴퓨터의 대결이 아닌 사람과 사람의 대결이 지속되는 영원한 공간이 된다. 그만큼 리니지에 미쳐있었다. 다들 고등학교 대학교 친구들이었는데 하루에 기본 8시간은 게임을 했으니 아침 9시에 pc방에 모인다. 그리고 각자의 레벨 업을 하고 무엇인가 게임 속에서 돈을 벌 아이템을 찾아다녔다. 우리는 리니지라는 게임에서 꽤 알려진 사람들이었다. 레벨도 높았고, 꽤 돈도 모았다. 한 달에 2, 3백만 원 정도는 벌었으니 평범한 대학생이 게임을 하면서 그것도 죽도록 하고 싶은 게임을, 이렇게 돈도 벌면 그야말로 눈 돌아가는 일이었다.

우리는 급기야 전용 게임 사무실을 차렸다. 순수하게 게임을 우리끼리만 하기위한 공간이다. 미쳤다. 매달 임대료와 관리비를 내면서 게임 사무실을 차리다니. 사무실을 차리고 더 폐인 생활을 하기 시작했다. 바뀐 낮과 밤. 극단적으로 단순해진 인간관계, 깨진 연인, F학점, 가출… 우리는 이때까지 잘 몰랐다. 아니 알면서도 말하지 않았을지도 모른다. 지금은 이 짓을 하고 있지만 계속 할 수 없다는 것을 언젠가 끝내야 한다는 것을 알고 있었다.

이런 생각이 들 무렵 난 여자 친구와 헤어졌다. 정말 슬퍼서 울었다. 하지만 웃고 있는 또다른 내가 있었다. 더 이상 방해받지 않고 게임을 할 수 있겠구나 하는 미친 또 다른 나였다… 분명 게임에 빠른 사람들의 일상은 지옥이다. 게임을 하지 않는 순간에도 머릿속에서는 게임이 돌아가고 있다. 같은 게임을 하는 사람들과만 만나게 된다. 극단적인 인간관계의 단절이다. 삶의 모든 패턴은 게임을 좀 더 하기위한 것으로 우선순위가 완전히 뒤바뀌게 된다. 집으로 돌아온 학생이 컴퓨터 전원부터 켜는 것은 이러한 이유에서다. 자기 인생을 의미 있게 살기위한 고민은 더 이상 의미 없는 일이다. 오직 게임 세상 내에서 좀더 높은 자리로 올라가기 위한 미친 몰입만 있을 뿐이다. 중독이다."

심리학자 윌리엄 글래서는 "사람은 재미(Fun)가 있어야 산다."고 했다. 재미있다고 생각되는 것에 시간과 돈을 쓰는 것이 사람이다. 재미는 어디에 있는가? 재미는 놀이와 학습에 있다. 사람은 뭔가를 배울 때 재미있다. 만약 재미가 없다면 뭔가를 배운다는 것은 불가능할 것이다. 학습은 우리에게 재미를 선물해준다. 우리 아이들이 모두 이 길로 가주면 얼마나 좋을까? 그런데 바로 옆에 또 하나의 길이 있다. 놀이다. 재미는 놀이에서 온다. 많은 아이들이 '학업'의 길로는 가지 않고, '놀이'라는 길로 들어선다. 그것도 친구들과 함께 하는 공동체 놀이보다는 혼자 컴퓨터 앞에서 즐길 수 있는 컴퓨터 게임으로 들어선다.

컴퓨터 게임으로 들어서는 이유는 간단하다. 혼자서도 아무 때나 재미있게 놀 수 있기 때문이다. 컴퓨터 게임은 놀아줄 누군가를 찾기 위해 놀이터로 나가는 수고를 덜어준다. 컴퓨터만 켜면 혼자서도 놀 수 있고, 함께 놀아줄 다른 파트너와 접속할 수도 있다.

문제는 재미를 주는 것은 중독에 이르게 한다는 데 있다. 쇼핑하는 것은 재미있다. 그런데 중독을 가져온다. 맛있는 초콜릿과 술은 먹는 재미를 충족시켜준다. 그런데 중독을 가져온다. 게임도 예외가 아니어서 푹 빠져 있으면 재미있지만, 즐기는 이들에게 중독에 빠지게 한다. PC방에 가면 게임에 중독된 사람들을 볼 수 있다. 하루 종일 게임에 빠져 있는 학생들을 만나는 것도 그리 어려운 일이 아니다. 학생들 가운데 상당히 많은 아이들이 공부하는 재미를 맛보는 대신 게임하는 재미를 선택했다. 그리고 그 길에서 출구를 찾지 못하고 있다.

왜 게임에 중독되는 것일까? 부모와 자녀 관계에 원인이 있다고 생각한다. 사람은 기쁨이 있어야 살 수 있는데 기쁨이 없으면 대용품을 찾는다. 구체적인 돌봄과 사랑을 받으면서 성장하는 아이들은 중독에 빠지지 않는다. 주부들을 보라. 결혼하여 사랑받지 못하면 아내들은 쇼핑중독이나 다른 것에 중독될 위험이 높다. 대용품을 찾는 것이다. 학생들의 경우 가장 손쉬운 수단이 컴퓨터요, 게임이다. 거기서 기쁨의 대용품인 재미를 찾는다. 기쁨이 없으면 재미라도 있어야 살 수 있는 게 세상이기 때문이다. 아이들이 컴퓨터게임에 빠지는 것은 사랑받고 있다고 느낌으로 충만하지 않기 때문이다.

게임에 중독되지 않게 하려면 어떻게 해야 할까? 자녀들이 부모의 말을 잘 들을 때는 컴퓨터를 가족이 모두 보는 공적 공간에 두는 것이 좋다. 또 주 중에는 게임을 하지 않게 하는 것도 좋은 방법이다. 주 중에는 하지 못하게 하고, 주말에 한 두 시간 하도록 하면 중독에 빠지는 일은 없을 것이다.

만약 부모가 맞벌이 부부여서 통제가 어려운 상황이거나 이미 게임에 빠져있는 경우라면 보다 근원적인 접근이 필요하다. 최근 제도화된 컴퓨터 게임시간 선택제 혹은 셧 다운제(Shut Down)는 좋은 대안이 될 것이다.

그러나 무엇보다 중요한 것은 사랑의 관계를 유지, 회복하는 것이다. 부모들은 맞벌이를 해서라도 돈을 버는 것이 아이들을 위한 것이라 여기지만, 아이들의 기대는 다르다. 집에 오면 맞아주는 사람, 말을 걸어주는 부모가 있기를 바란다. 그런데 집에 들어왔을 때, 아무도 없으면 허전한 마음에 컴퓨터를 만지게 된다.

사랑의 기쁨이 없는 아이들은 소속감이 없고, 가치 있는 존재라는 확신도 없기 때문에 결과적으로 재미를 찾아 나선다. 그리고 재미의 노예가 된다. 게임이 우상이 된다. 게임은 자신을 실현할 수 있는 통로요, 소통의 도구이기 때문이다. 위에 소개한 선생님의 글을 좀 더 인용하겠다.

"지난 나의 인생들 돌아보면 게임에 빠져있던 1년 반은 너무나 아까운 시간이다. 하지만 정말 중요한 것 하나를 깨달았다. '너는 나 외에는 다른 신들을 네게 두지 말라.' 사실 나는 한창 게임에 빠져 있을 때도 주일 예배는 항상

13. 재미에 빠져 길을 잃은 아이들

잘 드렸다. 종교적인 의무감도 있었지만 대학 때 다녔던 C.C.C의 훈련 덕분이라고 생각한다. 예배 때마다 나를 힘들게 하는 것은 "게임을 그만두어야 하는데", "여기서 나와야 하는데"라는 영혼의 외침이었다. 하나님 보다 게임을 사랑한 지 오래된 그때 여전히 하나님은 나를 향한 그분의 뜻을 굽히지 않고 기다리신다는 것을 조금씩 알게 되었다. 집나간 아들을 이제나 저제나 돌아오길 기다리는 어머님의 마음을 느낀 것 같았다. 그러던 어느 날 예배 때 진정한 참회의 기도를 드리고 친구들에게 게임을 접는다고 선포했다. 그리고 게임을 컴퓨터에서 지웠다. 캐릭터와 아이템도 팔아 버렸다. 아무것도 남지 않았다. 결국 디지털세상의 0,1의 조합에 불과한 것에 내 인생을 팔았다 생각하니 허무함과 피로함이 몰려왔다. 그리고 끝 모를 허전함이 나를 삼킬 것 같았다. 이 못 견딜 공허함 때문에 다른 친구들은 다시 게임을 시작했을 것이다. 그러나 이 고통 중에 나는 예배가 있었다. 내 안에 성령님이 나를 위해 애통해 하며 나를 도우셨다. 다른 게임에 빠진 친구들이 모르는 예배의 치유와 기쁨이 있었다. 그리고 게임 중독으로 힘들어 하는 나를 위해 기도해 주는 교회의 친구들이 있었다. 이런 주님의 사랑이 없었다면 나는 지금도 게임 중독에서 빠져 나오지 못했을 것이다."

게임중독에서 벗어날 수 있는 비결은 어디 있을까? 그 첫 번째는 하나님께로 돌아가는 것이다. 중독에서 벗어나는 유일한 길은 하나님과의 인격적인 만남에 있다. 그리고 또 한 가지, 사랑의 관계를 회복하는 것이다. 부모들은 돈만 벌면 된다는 고정관념을 갖고 있다.
돈을 벌어 경제적으로 넉넉해지면 모든 문제가 해결될 것이라 생각한다. 그런 측면이 있어 보이는 것이 현실이다. 돈이 있어야 살 수

땅끝에선 아이들 또오겠습니다

있다.

하지만 그것이 행복한 가정에 절대적인 요소는 아니다. 돈보다 더 중요한 것이 있다. 아이들과 함께 시간 보내기, 아이들의 욕구를 인정하고 들어주기, 함께 놀기 같은 사랑의 표현은 돈으로 해결할 수 없는 것이다.

가정에 사랑의 기쁨이 회복되어야 한다. 사랑의 기쁨이 회복될 때 아이들은 주저앉아 있던 자리를 털고 일어선다. 외로움으로 인해 재미를 찾아 나섰는데, 기쁨이 들어오면 자기 일을 성실히 하는 사람이 된다. 이 변화와 함께 아이들은 활기를 되찾게 되고, 덤으로 사회성도 회복된다.

14
나는 쓸모 있는 사람

우리 둘째는 초등학교 저학년 때, 학교 공부에 흥미를 갖지 못했다. 학교생활은 그에게 무거운 짐과 같았고, 성적은 좋지 않았다. 공부도 못하고 그렇다고 사회성이 좋은 것도 아닌 아이가 6학년이되었다 해서 갑자기 훌륭한 아이로 변신할 가능성은 없었다. 다만선배가 시켜서 방송반 엔지니어 일을 맡았다. 2년 선배였던 제 형이방송실 엔지니어를 하다가 후배에게 물려주었는데, 그 아이가 우리둘째에게 엔지니어 일을 맡긴 것이다.

5년 동안 의미 없이, 볼 일 없이 학교를 다니다가 갑자기 할 일이생겼다. 음악을 들려줘야 할 때나 교실 전체로 방송을 할 때 꼭 필요한 존재가 된 것이다. 쓸모없는 인간으로 지내다가 갑자기 꼭 필요한 인간으로 상황이 바뀌자 우리 둘째는 조금씩 달라지기 시작했다.

자기가 없으면 안 된다고 생각하여 서둘러 학교에 등교했다. 학교가 우리 아이를 필요로 한 이유는 공부를 잘 해서도 아니고, 학교를 대표할 만큼 운동을 잘해서도 아니었다. 단지 앰프 스위치를 켜고, 볼륨을 조정하는 정도의 단순한 일을 할 뿐이었는데 우리 아이의 얼굴에 화색이 돌기 시작했다. 쓸모 있는 사람이라는 느낌, 학교생활에서 의미를 찾은 아이의 행복감이 생활 곳곳에서 묻어났다.

이 변화는 학업으로 이어졌다. 서서히 공부에 대해 흥미를 갖기 시작한 것이다. 그렇다고 해서 갑자기 성적이 좋아진 것은 아니었다. 여전히 공부를 못해서 성적은 바닥을 기었는데 그러한 상황은 중학생 때도 마찬가지였다. 중학교 1학년이 되자 다시 낯선 세계가 시작되었다.

존재감 없는 우리 둘째를 위해 무엇을 해줘야 할까 고민하다가 탁구교실에 보내 레슨을 받게 했다. 기초부터 다시 가르치는 것이 좋겠다는 생각에서 한 일이다. 기본기가 단단해야 운동을 지속적으로 잘 할 수 있다는 것을 알고 있었기에 탁구장에서 레슨을 받게 했다.

내 입장은 그랬지만 우리 아이에게는 다른 동기가 있었다. 학교에서 체육대회가 있는데 탁구개인전에서 우승하고 싶었던 것이었다. 어려서부터 조금씩 치던 솜씨로는 부족해서 코치로부터 제대로 레슨을 받으면 더 좋은 결과를 얻을 수 있다고 생각하여 내 제안에 선뜻 동의했다. 소망하던 대로 중등부에서는 우승을 하고, 고등학생까지 합친 대회에서는 준우승을 했다.

이 대회는 우리 아이에게 상당한 자신감을 선물했다. 물론 탁구를 굉장히 잘해서 그런 것은 아니었다. 대부분 학생들은 탁구를 접해본 적도 없고, 잘 하고 싶은 마음도 없었다. 우리 아이만 특이했다. 승부욕에 붙잡혀 전투(?)에 나섰고, 승리하고 돌아온 것이다.

　이기고 돌아온 다음 학교생활은 예전과 달랐다. 자신감과 우월감이 우리 아이 내면에 자리하기 시작했다. 탁구 하나를 잘해서 붙은 자신감은 다른 분야로 확산되었다. 소극적이고 내성적이어서 친구들과 어떻게 관계를 맺어야 할지 몰랐던 우리 아이에게 친구가 생기고, 학교생활이 즐거워진 것이다. 남자 친구가 한둘 생기더니 여자 친구들도 생겼다. 학급 안에서 친한 아이들이 많아졌다.

　친구들과의 관계개선은 공부에도 영향을 미쳐서 차츰 학업에 흥미를 갖게 되었고, 성적도 향상되었다. 고등학교에 진학한 이후에는 놀라운 집중력을 보이면서 좋은 성적을 냈다. 전교생이 도서관에 앉아 공부하는 저녁시간에는 눈에서 불이 나오는 것 같았다. 그 만큼 공부에 집중했다. 그리고 2년 뒤 고등학교를 조기 졸업하고 정시로 대학에 진학했다.

　무엇이 우리 아이를 달라지게 했는지 자문할 때가 있다. 여러 요인이 있겠지만 쓸모 있는 사람이라는 느낌이 출발점이었다. 그 자신감이 우리 아이를 달라지게 했다. 나는 부모와 학교가 아이들에게 쓸모 있는 사람이라는 확신을 심어주어야 한다고 생각한다.

　미국의 전설적인 록가수 자니 캐쉬의 일대기를 다룬 앙코르라는 영화가 있다. 자니에게는 형이 한 명 있었는데 똑똑하여 공부도 잘하고, 성실하여 부모님을 효과적으로 돕는 착한 아이였다. 그 소중했던 아이가 아버지의 부름을 받아 목공일을 돕다가 그만 기계톱에 잘려 죽는 비극적인 사건이 발생했다.

사랑하고 의지했던 형을 잃고 집에 들어가기가 겁났던 자니는 밤이 깊어진 후 살금살금 기어들어갔다. 늦은 시각까지 술을 마시고 있던 아버지가 들어오는 자니를 보고 취중에 한 마디 했다.

"쓸모 있는 놈은 죽고, 쓸모없는 놈만 살아남았구만!"

술에 취한 아버지가 무심결에 한 말인데 이 말은 어린 자니의 가슴에 평생 뽑히지 않는 못이 되었다. 자기 같은 쓸모없는 인간이 죽고, 형이 살아남았어야 했다고 자책하며 성장했다.

학교를 졸업하고 세일즈맨이 된 자니는 잘 적응하지 못했다. 그러다 우연히 노래하는 사람들을 만나 가수가 되고, 음반을 냈는데 대중들의 사랑을 받게 된다. 비틀즈에 버금가는 유명한 가수가 되었다. 성공한 것이다. 사회적으로 성공했으나, 자니는 여전히 아버지의 인정에 목말라했다. 아버지의 인정을 받기 위해 저택도 사드리고, 온갖 노력을 다 했으나 끝내 아버지의 인정은 받지 못했다.

마침내 그는 알코올 중독자가 되고, 마약 중독자가 된다. 결혼에도 실패했으나 다행히 사랑하는 여인을 만나 재혼한다. 한 여인의 구체적인 돌봄과 인정, 사랑받을 가치가 있는 사람이라는 격려를 통해 자니는 비로소 사망의 음침한 골짜기에서 건짐 받는다.

자신을 쓸모없는 인간이라고 생각하는 아이들이 생각보다 많다. 이런 아이들에게 쓸모없는 사람은 없다고 일깨워주는 사명이 교사들에게 있다. 교사들이 언어, 수리적인 학습 뿐 아니라, 다양한 활동을 통해 학생들의 흥미를 유발하고, 의미를 느낄 수 있도록 도와줄 때 학생들은 자신의 가치를 새롭게 인식하게 되어 희망찬 삶을 살 수 있게 된다. 못한다며 몸을 빼는 아이들에게 나는 이렇게 설득한다.

"네가 못하는 것은 그 일에 시간을 들이지 않았기 때문이야. 누구
나 잘할 수 있어."

재능의 문제가 아니다. 시간의 문제다. 시간을 들이면 누구나 잘
하게 된다는 것을 이해하도록 도와준다. 점차 그런 말을 이해하게
되면서 아이들은 달라진다.

성장하는 아이들에게 절실히 필요한 것은 나도 쓸모 있는 사람이
라는 가치감이다. 현재 학교교육은 이런 문제를 해결해주기 어려운
여건 속에 있다. 공부를 잘하는 몇 명의 아이들까지도 근면성을 확
인하여 자신감 있게 성장하기보다는 열등감에 노출된다. 공부를 못
하는 학생들은 어떻겠는가? 언,수,외,탐으로 대표되는 주요과목에서
좋은 성적을 낼 수 없는 학생들은 학교에서 쓸모 있는 사람이라는
확신을 갖지 못하게 되어 깊은 열등감을 가진 아이로 성장할 수밖에
없다.

그러면 언,수,외,탐에서 좋은 성적을 내지 못하는 아이들은 필요
없는 존재인가? 축구 잘하는 아이, 옷 잘 만드는 아이, 자동차를 기
능성 있고 예쁘게 디자인하는 아이, 자연을 잘 돌보고 가꾸는 아이,
다른 사람의 이야기를 잘 들어주는 따뜻한 마음을 가진 아이는 어떻
게 되는 것인가? 그런 아이들도 필요하다. 세상에 쓸모없는 사람은
없다. 그런데 현재의 학교제도는 언어, 수리적 영역에서 좋은 성적
을 내지 못하는 학생들은 저평가한다. 뭔가 잘못 되어가고 있다.

학생들에게 의미 있는 삶을 선물하는 것은 그리 어려운 일이 아니
다. 학생 각자의 관심이나 흥미를 존중하고 그들의 능력을 계발하는

땅끝에선 아이들 또 오겠습니다

쪽으로 교수 학습과정을 이끌면 얼마든지 학교생활을 의미 있게 할 수 있다. 언어, 수리 영역 중심의 주입식학교에서 잠재력 계발 중심으로 패러다임을 바꾸면 학생도 살고, 교사들도 행복해질 것이다.

학생들이 무의미함에서 의미 있음으로 건너갈 수 있도록 다리를 만들어주는 일은 그다지 어렵지 않다. 관심만 있으면 얼마든지 해결할 수 있는 일이다.

심리학자 빅터 프랭클은 의미요법의 창시자로 인간은 의미가 있어야 살 수 있다고 말했다. 사람에게는 의미를 찾으려는 의지가 있는데 행복은 그것의 성취에서 온다는 것이다. 초등학교 학생도, 중학교 학생도, 고등학교 학생도 의미를 찾으려는 의지를 가지고 있다. 그렇다면 초등학교에 다니는, 공부 못하는 학생이 학교생활에서 의미를 느낄 수 있을까? 아마 어려울 것이다. 의미를 느끼기 어렵다면 학교생활이 행복하지 않을 것이다.

지금 학교생활이 행복하지 않은 아이들도 언젠가 행복해질 것이니 열심히 학교를 다니기만 하면 될까? 학습수준과 분량을 감당하지 못하는 아이들의 학교생활이 행복해지는 날이 올까? 지금 행복하지 않는 학생은 아마 세월이 가도 학교에서 행복하기는 어려울 것이다. 이런 학생들을 위해 어른들은 무엇을 해야 할까? 무엇이든지 잘하는 것을 잘한다고 칭찬하고 격려하는 것이다. 칭찬하고 인정해주는 말에 희망이 있다. 아이가 뭔가 과장되어 있다고 느끼는 빈말이 아니라, 어느 정도 인정할 수 있는 칭찬과 격려를 하라! 새로운 길은 거기서부터 열린다.

15

꿈과 비전이 없다

가끔 어른들이 하는 말을 들으면 아이들이 꿈이 없고 비전이 없다며 답답해한다. 실제로 아이들에게 꿈을 물으면 하고 싶은 게 없다고 말하는 아이들이 많다. 다만 돈은 많이 벌겠다고 한다. 어른들은 이렇게 꿈이 없는 아이들을 보면서 한심해 하고, 아이들이 비전을 가져야 한다고 말한다. 그런 어른들의 말을 듣고 있자면 정말로 모든 아이들이 어릴 때부터 자기 꿈과 비전을 갖고 있어야 하는지 의문스러워진다.

내가 초등학교 4학년이던 어느 날 선생님은 장래 꿈이 무엇인지, 무엇이 되고 싶은지 부모님과 상의해서 써오라는 숙제를 냈다. 집에 와서 어머니와 상의를 했더니 "선장이 되라"고 말씀했다. 내가 성장한 곳은 바닷가였고, 대부분의 사람들이 어업에 종사하는 반농, 반어 마을이었다. 고민스러웠다. 아버지도 어부고, 아저씨들도 어부고, 동네 사람들 대부분이 물고기를 잡아 먹고사는데 왠지 어부가 맞지 않다는 느낌이 들었다. 밤새 고민을 하다가 '목사' 라고 적었다.

우리 동네에는 작은 교회가 하나 있었는데 나는 5살 때부터 그 교회에 다녔다. 또래 남자 사촌 아이의 전도를 받았는데 세월이 많이 흘렀음에도 처음 교회에 가던 날의 기억은 너무도 생생하게 남아 있다.

사촌 녀석이 전도를 하면서 헌금을 가져오라고 말했다. 아버지는 선뜻 10원을 주셨고, 나는 그 돈을 가지고 예배당을 향해 올라가고 있었다. 예배당은 산중턱에 위치해 있었고, 올라가는 계단 오른쪽에는 보건소가 하나 있었는데 보건소를 지나면 팽나무가 있었다. 사촌 아이는 나를 그 팽나무 밑에 세우더니 헌금을 가져왔는지 물었다.

10원을 가져왔다고 했더니 5원은 전도하는 사람에게 주어야 한다고 했다. 나머지 5원 가운데 3원은 사탕을 사서 친구들에게 나눠줘야 한다고도 했다. 올라오던 길을 내려가서 3원 어치 알사탕을 사서 친구들에게 나눠주고, 5원은 사촌 아이에게 바쳤다. 지금 생각해도 웃음이 나는 장면이다.

시골 작은 교회에 시무하시던 목사님은 자녀들도 많았고, 가난했다. 옷 한 벌 변변하게 입지 못하던 분이었다. 안쓰럽게 생각한 한 성도가 양복저고리를 하나 사드렸다. 목사님이 몇 번 입고 다니셨는데 어느 날부턴가 어떤 남자 집사님이 입고 다니기 시작했다. 목사님이 그 분에게 입으라며 주었으리라 상상하는가? 놀랍게도 그 남자 집사님이 훔쳐서 입고 다닌 것이었다. 마치 아무 일도 없는 것처럼 그 옷을 입고 교회에 나왔다. 이런 우스꽝스러운 일이 자행되던 시골교회에서 목사가 된다는 것은 그리 선망할 만한 일이 아니었음에도 나는 목사가 되겠다고 썼다.

가끔 우리 아이들은 묻는다.
"아빠! 아빠는 목사가 되는 것 외에 다른 것은 생각해보지 않았어?"
"응 다른 것은 생각해보지 않았어! 그냥 한 길로 쭉~ 온 거지."
"참 단순해서 좋았겠네!"
아이들이 약간 비웃듯 하는 말이다. 나는 5살 때 전도를 받아 교회 나갔고, 초등학교 4학년 때 내 비전을 발견하여 여기까지 왔다. 이 긴 이야기를 하게 된 데는 이유가 있다. 나처럼 어린 나이에 진로를 결정할 수도 있지만, 이런 경우는 매우 드물다. 대부분의 사람들은 성장하면서 여러 계기로 자신의 꿈과 비전을 발견하게 된다.
성경에 베드로라는 인물이 나온다. 베드로는 갈릴리 호숫가에서 물고기를 잡아 밥을 먹고 살던 사람이다. 데릴사위로 장가들어 처가 덕에 밥벌이라도 할 수 있게 된 인물이 베드로다. 베드로가 어려서부터 나는 사람 낚는 어부가 되겠다, 예수님의 제자가 되어 수제자가 되겠다 하는 비전이 있었을까? 아니다. 그럴 계획도 없었고, 그럴 꿈도 꾸지 못했다.
어느 날 아침 우연히 어장을 마치고 돌아와 그물을 씻다가 한 청년을 만나게 되었는데 그 분이 배를 좀 빌려달라고 했다. 잠시 빌려주었더니 삯으로 그물을 한 번 더 내리라 하여 마지못해 그물을 내렸다. 지난 밤 물고기를 잡지 못해 피곤한 상황에서 내린 그물이었는데 만선을 했다. 이 사건을 계기로 베드로는 부름을 받는다. 베드로가 역사에 길이 남는 인물이 되리라 꿈을 꾸면서 이 부름에 응한 것이 아니다.

서른이 넘은 나이까지 어부로 지내다 예수님의 부름을 받아 제자가 되었고, 장차 무슨 일이 일어날지 모르는 인생을 살았다. 어떻게 생각하면 베드로는 죽는 날까지 자신의 비전이 무엇인지 정확하게 몰랐을 가능성이 많다. 그렇다고 그가 인생을 잘못 살았다든지, 가치 없는 삶을 살았다고 말할 사람은 아무도 없을 것이다.

구약성경에 나타난 모세는 어떤가? 모세는 갓 난 아기였을 때 호수에서 건짐 받아 왕실에 양자로 입양된 행운아였다. 또래의 남자 아이들은 모두 영아살해라는 무서운 칼날을 피하지 못하고 태어나 곧 죽임 당하던 때 그는 운 좋게 바로의 딸에게 발견되어 양자가 되었다. 유모 덕분에 자신이 유대인이라는 것을 알게 되고, 노예로 살고 있던 동족에 대한 연민을 품게 된다. 불행히도 노예 생활을 하는 동족이 맞는 모습을 보고, 가해자를 살해한다. 이 일이 들통 날 것 같은 두려움에 모세는 미디안이라는 광야로 도망갔다. 40년간 미디안 광야에서 양치는 목동으로 지내던 모세는 나이 80세가 되어 하나님의 부름을 받았다. 부름을 받던 때, 노예상태에 있는 백성들을 해방시키려는 불타는 비전을 갖고 있었던 것이 아니었다.

아브라함도 갈 바를 알지 못한 채, 하나님의 인도를 받아 길을 나섰다. 그때 나이 75세였다.

요셉도 어려서부터 애굽의 총리가 되겠다고 결심한 것이 아니다. 성경에 나온 거의 대부분의 인물들이 어려서부터 비전을 가지고 성장한 게 아니었다. 소수 그런 사람도 있었지만, 그렇지 않은 경우가 대부분이었다. 그런데 우리는 아이들에게 너무 일찍 많은 것을 요구하고 있는 것은 아닌가 하는 생각이 들 때가 있다.

　예수님의 비유 가운데 포도원 일꾼 이야기가 마태복음 20장에 나온다. 포도원 농장주인(하나님)이 일꾼을 부르러 나갔다. 아침 9시에 몇 명의 일꾼들을 데려온다. 하루 품삯인 한 데나리온을 약속하고 일하게 했다. 주인은 12시에도 길가에서 하릴 없이 기다리고 있는 사람들을 데려와 일할 기회를 주었다. 그리고 3시에, 심지어 일할 시간이 1시간 밖에 남지 않은 오후 5시에도 사람들을 데려왔다.
　노동이 끝나고 품삯을 지불하는 시간이 되었다. 5시에 온 사람에게 한 데나리온이 지급되었고, 3시에 온 사람에게도 한 데나리온이 지급되었다. 아침 일찍부터 온 노동자들은 더 많은 돈을 받게 되지 않을까 기대했다. 그런데 약속한 대로 한 데나리온이 주어지자 그들은 매우 분노했다. 그때 농장 주인은 약속한 것을 주지 않았느냐고 말했다. 먼저 된 자의 특권도, 나중 된 자의 불이익도 없다는 말씀이었다.
　이 비유말씀을 비전과 관련지어 생각해보면 오전 9시(?)에 자신의 존재 이유를 발견한 사람도 있지만, 오후 5시가 되어서야 깨닫는 사람도 있다. 모두가 오전 9시에 자신의 소명을 깨닫게 되는 것은 아니다. 어떤 사람은 12시쯤 되어서 부름을 받고 응답하여 하나님의 사람으로 서게 된다. 일찍부터 소명을 받아 일하는 것도 좋지만, 깨달음이 늦게 와도 나쁠 것은 없다. 어떤 사람은 어린 나이에 자기 비전과 꿈을 발견하지만, 어떤 사람은 황혼이 다 되어서야 비전을 발견

땅끝에선 아이들 또오겠습니다

하기도 한다.

예수님은 마가복음 10장 31절에서 "그러나 먼저 된 자로서 나중 되고 나중 된 자로서 먼저 될 자가 많으니라"고 했다. 나중 되었지만 귀하게 쓰임 받는 사람들도 많을 것이라는 말씀이다. 중요한 것은 그분이 불러서 쓰셨다는 데 있다. 모든 사람은 쓸모가 있어서 이 세상에 왔고, 저마다 꽃을 피우는 때가 다르다.

미국의 교육학자 엘카인드는 "일찍 익은 과일은 일찍 썩는다."는 매우 의미 있는 말을 했다. 보관을 잘못하면 일찍 익은 과일은 일찍 썩을 가능성이 높다. 늦게 익는다고 나쁠 것은 없다. 아이가 늦되면 손이 많이 가고 애태우며 기다려야 하는 시간이 길어질 뿐이다. 그게 꼭 나쁜 것만은 아니다. 자녀들과 경험할 수 있는 경험의 폭과 깊이가 더 넓어질 수도 있다. 자녀의 문제는 생각하기 나름이다. 어려서부터 말도 잘 듣고, 공부도 잘하고, 친구들과 관계도 좋은 아이로 성장하면 얼마나 좋겠는가? 그러나 모든 아이들이 그렇게 되는 것은 아니다.

아이들은 저마다 다르게 태어나서 다르게 성장한다. 다름이 나쁨은 아니다. 세상이 흑 아니면 백이어야 하는가? 일곱 색깔 무지개가 더 아름답지 않은가? 하나님은 세상을 컬러풀하게 만드셨다. 그리고 다양한 색깔의 사람들이 공존하도록 창조하셨다.

어려서부터 성실하고 총명하게 자라 나무랄 것 없이 성장하는 아이들이 있는가 하면 늦되는 아이들도 있다. 신체의 발육이 늦어져서 그렇게 되는데, 이는 아이의 책임이 아니다. 이런 아이들에게 필요한 것은 부모의 기다림과 자녀를 이해하는 지식과 다룰 줄 아는 기술이다. 지식이 넘치는 사랑으로 기다리면 언젠가 열매 맺는 날이 온다. 그리고 그 날은 생각보다 빨리 온다.

아이가 산만해서 걱정인가? 아이들이 왜 산만해질까? 전문가들의 말을 들어보면 아이가 말을 배우면서 수많은 질문을 하는데 그때 부모들이 집중하여 대답하지 않은 데 원인이 있다고 한다. 어른들이 산만하게 대해서 아이들이 산만해진 것이다. 그렇다면 아이가 산만해진 것은 아이의 책임이 아니다. 부모의 실수가 불러온 좋지 않은 결과물이다. 결국 부모가 죄인이다. 그렇다. 자식 앞에서 죄인이 아닌 부모는 없다.

아이가 산만하게 자라지 않게 하려면 어떻게 해야 할까? 가능하면 아이의 질문에 대답을 해주어야 한다. 아이에게 집중할 수 없을 때는 미안하다고 양해를 구한 뒤, 적당한 시기에 아이가 질문했던 것에 대답을 해주어야 한다.

아이의 질문에 답할 때 반드시 사실을 말해야 한다든지, 과학적으로 옳은 이야기를 할 필요는 없다. 유아들을 위한 영상물을 보면 대부분 물활론에 근거하고 있음을 알 수 있다. 나무가 말을 하고, 곰도 사람처럼 생각하고, 존재하는 모든 것이 사람들과 소통한다. 그것은 사실과 다르다. 동화적이다. 그런데 이런 동화적인 이야기가 아이들에게 어필한다.

"엄마! 눈은 왜 내리는 거야?"

"응 그게 말이야 차가운 공기와 따뜻한 공기가 만나서 물방울이 되는데 기온이 찰 때는 눈이 되는 거야!" 이렇게 대답할 필요가 없다

땅끝에선 아이들 또오겠습니다

는 것이다.

"음 하나님께서 우리 딸 눈썰매 타라고 내려주신 선물이야!"라고 대답해도 아무 문제가 없다.

그런데 우리는 꼭 사실적으로, 과학적으로 대답해야 될 것처럼 고민한다. 질문하는 아이와 함께 상상의 나래를 펴나가는 것 자체로 충분한 의미가 있다. 때로 동화적 사고가 훨씬 유익하다.

꿈과 비전을 갖게 되는 때는 저마다 다르다. 모든 아이들이 어려서부터 확고한 꿈을 갖게 되는 것은 아니다. 점차 성장하면서 자신의 꿈과 비전을 발견하게 되고 무엇을 할 것인지 구체적인 그림을 갖게 된다. 모든 사람이 쓸모가 있어 이 세상에 왔다고 믿는다. 공부를 때에 맞게 잘 하는 아이도 있고, 좀 늦되게 성장하는 아이도 있다.

세상의 모든 꽃이 동시에 피어야 할까? 봄에 피는 꽃도 있고, 여름에 피는 꽃도 있다. 가을에 피는 꽃도 있고, 겨울에 피는 꽃도 있다. 때로는 겨울에 핀 동백꽃이 더 아름다울 때가 있다. 쓸모없는 사람은 세상에 아무도 없다. 다만 꽃을 피우는 시기가 다를 뿐이다. 선물로 받은 소중한 아이들을 기다리는 것도 행복한 일 아닌가? 기다릴 아이가 있다는 것, 얼마나 감사한 일인가? 아이가 비록 늦게 피는 꽃이라 하더라도 기대하면서 바라보자. 기다릴 것이 있는 사람은 행복한 사람이다.

16
두려움에 갇힌 아이들

공부에 어려움을 겪는 학생들을 보면 공부에 대한 두려움, 성장에 대한 저항, 있는 그대로의 현실에 직면하기를 회피하려는 경향이 있다. 공부를 못하는 학생도 잘하고 싶은 마음은 있게 마련인데 그들 안에 두려움, 저항, 회피 같은 나쁜 누룩들이 자리하고 있다. 수학을 못하는 학생의 경우, 수학은 어려워서 풀 수 없다는 공포감이 도사리고 있다. 영어도 마찬가지다. 영어 성적이 좋지 않은 학생들은 영어공부하는 것에 대한 두려움이 있다.

학습에 대한 두려움은 발생한 시점이 있다. 학업과 관련된 두려움은 저절로 생겨나는 것이 아니라, 어떤 계기가 있다. 어떤 계기로 공부하는 것에 두려움을 느끼기 시작하면 그 이후 성장 과정에 전체적으로 영향을 준다. 이 시점은 초등학교 때가 대부분이다.

공부에 대한 두려움을 가진 학생이 있을 때 어른들은 무엇이 문제

땅끝에선 아이들 또오겠습니다

인지 관찰하고, 두려움을 극복할 수 있도록 도와주어야 하는데 많은 부모들은 학원에 보내는 것으로 대신한다. 학원에서는 학생이 이해했는지 못했는지는 세심하게 배려하기 어렵다. 나가야 할 진도가 있고, 과제에 대한 이해의 차이가 있기 때문이다. 학교는 부모에게, 부모는 학원에, 학원은 학교에 떠넘기며 서로 책임을 전가하고 있으니 해결책이 나올 리 없다. 결국 핑퐁게임의 희생자가 된 아이들은 두려움을 이겨내지 못한 채 주저앉아 버린다.

현재 우리의 교육상황은 이런 학생을 도와주기는커녕 꾸짖고, 비난하고, 때린다. 행인의 옷을 벗긴 태양처럼 따뜻한 돌봄이 있을 때 학습에 대한 두려움을 떨쳐낼 수 있을 것인데 그런 일은 우화 속에만 존재한다.

성장에 대한 저항도 있다. 귄터 그라스(Günter Wilhelm Grass)의 대표적 소설 양철북에 나오는 오스카이야기가 아니다. 이 시대를 살고 있는 상당히 많은 학생들이 성장을 거부하고, 제 자리에 머물러 있거나 퇴행한다. 대학생 새내기들에게 책을 읽고 내용을 정리해오라고 하면 어떤 학생은 인터넷에서 요약된 내용을 다운받아서 제출한다. 책을 읽고 내면이 성장하는 것을 원치 않는 것이다.

대학원에서 공부할 때 당황스러운 일이 있었는데, 교수님이 숙제를 내면 책을 읽어오는 대학원생이 거의 없었다. 책을 읽고 내용을 숙지해야 토론하고, 토론하면서 저자의 장, 단점을 짚어볼 수 있는데 책을 읽어오지 않으니 그런 논의 자체가 불가능했다. 대학생, 대학원생이 이런 형편이니 중, 고등학생은 어떻겠는가?

예를 들어 어떤 유형의 국어 문제를 틀리는 학생이 있다 하자. 틀린 문제를 확인하고, 다시 틀리지 않기로 결심한다. 그런데 신기하게도 한 번 틀린 문제는 계속 틀리는 경향이 있다. 왜 그럴까? 몰랐던 것을 받아들이는 열린 마음보다는 과거에 안주하려는 닫힌 마음 때문이다. 성장에 저항하는 것이다.

무엇이 우리의 발목을 잡는 것일까? 스코트 팩은 다음과 같이 말했다.

"엔트로피로 불리는 게으름은 보다 나은 단계로 성장하지 못하도록 발목을 잡는다. 성장하지 않으려는 이것이 악이요, 교만이다. 이 게으름은 사랑의 반대말이다."

성장에 저항하는 이유는 게으름 때문이라 했다. 게으름 때문에 성장하지 못하고 퇴행하거나 제 자리에 멈춰서고 만다.

사탄이 아담과 하와에게 와서 선악과를 따먹으라고 했다. 선악과를 따먹으면 "하나님처럼 될 것"이라며 유혹했다. 그때 아담부부는 일어나 하나님께 가서 물었어야 했다. "하나님, 사탄이 한 말이 진짜인가요?" 유감스럽게도 아담부부는 그렇게 하지 않았다. 일어나 하나님께 가서 한 번 물어보는 '수고'를 하지 않았다. 그 게으름은 씻기 어려운 죄가 되었다.

학생들도 책을 읽고 정리하는 수고, 모르는 것을 물어보는 수고를 하지 않으려 한다. 성장하기 위해서는 정당한 대가를 지불해야 하는데 이를 싫어한다. 결국 더 나은 인간으로 발전하지 못하고 제자리걸음을 하고 만다. 공부를 못하는 학생들 안에는 성장에 대한 저항, 게으름이 발목을 잡고 있는 것이다.

직면에 대한 두려움도 또 하나의 과제다. 상담현장에서 직면이란 자신의 문제가 무엇인지 있는 그대로 보는 것이다. 억압하거나 부인하지 않고, 자신의 문제에 직면하는 것이 치유의 시작인데 많은 내담자들이 자신의 문제에 직면하지 못한다. 학부모들도 그렇다.

물건을 훔친 아이가 있다 하자. 학교는 부모를 불러 상황을 설명한다. 그런데 학부모는 잘못했다, 그렇게 하지 않도록 훈련시키겠다고 말하지 않는다. 모든 아이들이 물건을 훔치고 있다고 말한다. '모든' 아이라는 단어가 위험한 것이다. '어떤' 아이가 훔치는 것이지, 모든 아이가 훔치는 것은 아니다. 그런데 자기 아이의 문제에 직면하지 않으려고 회피하거나 책임을 전가한다. 직면해도 비난받지 않는데… 그럴 용기가 아직 없는 것이다. 어른들이 이런 상황이니까 아이들은 어떻겠는가?

거짓말에 익숙해진 아이들은 자신의 실수에 정직하게 직면하지 못한다. 책임을 전가하거나 합리화한다. 그런 아이들을 달래고 달래서 직면하는 것이 손해가 아니라, 도리어 이익이 된다는 것을 일깨워준다. 다행스러운 것은 어른들을 설득하기보다 아이들을 설득하는 것이 좀 더 쉽다는 것이다. 어른들은 상당히 오랜 기간 자기방어를 해 왔기 때문에 문빗장을 풀기가 쉽지 않은데 아이들은 잘 설득하여 설명하면 곧 이해하고 잘못을 인정한다. 있는 그대로의 사실에 직면하면 보다 나은 내일을 위한 논의는 매우 자연스럽다. 현실과 이상 사이의 괴리를 인정하고 개선책을 마련하면, 친밀감만 전제되어 있으면 미래를 설계하는 것은 그리 어려운 일이 아니다.

학습에 대한 두려움은 학생들에게만 있는 것이 아니라, 부모들에게도 있다. 부모들의 두려움은 자녀들의 그것과는 다르다. 아이들이 혹시 잘못된 것을 배우면 어떻게 하나 하는 염려, 혹은 공부를 잘 하지 못해서 사람구실 하지 못하면 어떻게 하나 하는 불안감이 있다.

맹자 어머니 이야기를 들어본 적이 있을 것이다. 산동성 추현 출신인 맹자는 일찍 아버지가 돌아가셔서 어머니 손에서 교육을 받고 자랐다.

그의 어머니는 아들 교육에 남다른 관심을 갖고 있던 분이었다. 맹자가 처음 살던 곳은 공동묘지 근처였는데 놀 만한 친구가 없던 맹자는 상여를 메고 나가면서 사람들이 곡하는 것을 따라 하는 흉내를 내며 놀았다. 이 광경을 지켜보던 맹자의 어머니는 안 되겠다 싶어서 시장 근처로 이사를 했다. 이번에는 시장에서 물건을 사고파는 장사꾼들의 흉내를 내면서 노는 것이었다. 맹자의 어머니는 이곳도 아이와 함께 살 곳이 아니구나 하여 서당 근처로 이사했다. 그랬더니 아들이 글방에서 가르치는 예법에 관한 놀이를 하는 것이었다. 맹자 어머니는 이곳이야말로 아들과 함께 살 만한 곳이구나 하여 마침내 그곳에 머물러 살았다고 한다. 맹자의 어머니는 자식이 잘못되면 어떻게 하나 하는 두려움을 갖고 있었다. 그 두려움 때문에 여러 지역으로 이사하며 자녀를 바로 키우고자 했다.

아마 모든 부모가 자녀들이 잘못되면 어떻게 하나 하는 두려움을 갖고 있을 것이다. 그런데 이 두려움 때문에 자칫하면 자녀교육을 망칠 수도 있다. 두려움이 지나친 간섭과 부모의 욕심으로 비약하면 도리어 아이를 망가뜨릴 위험이 높다. 자녀의 미래에 대한 지나친 두려움은 옮겨심기를 계속하게 한다. 이 학교에서 저 학교로, 이 학원에서 또 다른 학원으로 아이를 옮긴다. 뿌리를 내릴 만하면 옮기기를 계속하니까 결국 뿌리를 내리지 못하고 시들어버리는 경우가 많다.

두려움 대신 믿음으로 하나님께 나아가야 한다. 미래에 대한 막연한 두려움이 다가올 때 나는 다윗과 요나단이 부른 CCM '예수께 가면'이란 찬양을 즐겨 부른다.

"짐이 무거우냐. 홀로 지고가기에 힘한 데로 갈까 두렵지는 않느냐. 온갖 일에 매여 고달프지 않느냐. 주가 도우시리 요청만하면… 네가 실망할 때 기억해야 할 것은 예수께 가면 주 네게 오리라."

그렇다. 두려울 때가 있다. 그 때, 염려가 되는 것을 기도제목으로 바꿔서 하나님께 나아가라. 그러면 하나님께서 도와주신다. 다윗도 여러 가지 염려로 시달렸던 것 같다. 그를 둘러싼 수많은 걱정거리 앞에서 다윗이 한 일은 하나님을 목자로 삼은 것이었다(시 23편). 함께 계시는 하나님을 의지함으로 엄습하는 염려와 걱정을 이겨냈다.

자녀를 둔 부모들이 믿어야 할 것이 있다. 하나님이 아이들을 사랑하신다는 것이다. 하나님께서 우리 아이를 지키시고, 돌보신다는 것을 믿어야 한다. 바닷가에서 성장한 나는 초등학교 5학년 때까지 수영할 줄을 몰랐다. 옆집에 살던 한 살 위의 형이 수영을 가르쳐주겠다며 나더러 자기 등에 업히라 했다. 업은 상태로 한 5m정도 헤엄쳐 나가더니 나를 떼어놓았다. 그리고 헤엄쳐 육지까지 가라 했다. 형은 옆에 함께 헤엄을 치면서 지켜봐주었다. 얼마나 무서웠던지 지금도 처음 수영을 배우던 기억이 생생하다. 무섭기는 했지만 옆에서 동행해준 그 형 덕분에 수영을 배웠다.

두려움은 누구에게나 있다. 용기가 있다는 것은 두려움마저 없다는 것을 뜻하는 것은 아니라 한다. 두려움이 있지만, 믿음을 가지고 '학습의 공포'를 극복해야 한다. '직면의 고통'을 이겨내야 한다. 자녀들의 미래에 대한 두려움 역시 모든 것을 합력하여 선을 이루실 것이라는 믿음으로 이겨내야 한다. 자녀들의 미래에 대해 염려하지 말아야 한다. 망치는 것은 우리 전공이지만, 하나님은 보수하시고, 새롭게 하신다. 합력하여 선을 이루신다. 책임져주시는 하나님께 소망을 두라. 소망은 우리 아이들에게 있는 것이 아니라, 우리 아이들 안에 있는 하나님께 있다.

17
학습하는 자유

우리 학교의 핵심 신념에는 자유가 있다. 입학 상담 때 "학습하는 자유"를 학생에게 줄 것을 부모님들께 권한다. 이런 권면에 부모님들은 약간 어리둥절해 한다. 부모의 간섭 없이 아이들이 주도적으로 공부를 잘 할 수 있을까 염려한다. 그런 부모들에게 학습하는 자유, 시행착오를 할 수 있는 자유를 학생들에게 건네줄 것을 부탁드린다. 평소 자신의 기분이나 충동에 따라 행동하던 아이가 과연 그렇게 할 수 있을까 의심하면서 마지못해 알았다 하고 일어선다.

아침에 일어나서 학교에 등교하는 것, 그 날 공부할 것을 정해 학습하는 것, 숙제하는 것, 그리고 자신이 선택한 모든 행동에 대해 책임을 지는 것까지 주도권을 학생에게 건네준다. 그리고 책임감 있는 사람이 되도록 훈련한다.

학교를 처음 시작하던 때 우리 학생들은 서머힐처럼 함께 머리를 맞대고, 교칙과 학교운영에 관한 여러 원칙을 정했다. 등교하는 시간, 몇 분 단위로 공부할 것인지, 저녁에 하는 자기주도 학습은 어떻게 할 것인지, 심지어 교복을 입을 것인지 안 입을 것인지, 여학생들의 스커트 길이는 어떻게 할 것인지, 머리 염색은 어느 정도까지 할 것인지 모두 학생들이 정했다. 학생들은 긴 토론 끝에 규칙을 만들어냈다. 학생들이 만든 학교가 탄생한 것이다. 자유로운 토론에 의해 만들어진 학교에서 학생들은 즐겁게 생활할 수 있게 되었고, 교사들은 학생들이 만들어준 규칙을 집행했다.

그런데 집행과정에 어려움이 많았다. 지금은 지각하는 학생도 거의 없고, 수업시간에 조는 학생도 거의 없지만, 처음에는 그런 훈련이 안 된 학생들로 인해 적지 않은 어려움을 겪었다.

학생들이 정한 등교시간은 8시 30분이었다. 어떤 학생은 좀 더 늦은 9시까지 등교했다. 학교는 그들의 의견을 존중하고 허락했다. 8시 30분까지 오기로 한 학생들은 거의 비슷하게 왔다. 그러나 9시까지 등교하겠다고 한 학생들이 대부분 약속을 지키지 않았다.

그러니까 지각은 시간대의 문제라기보다는 잘못된 습관의 문제였다. 등교시간을 더 늦춰줘도 결과는 마찬가지였다. 훈련이 잘못된 것이었다.

어떤 아이는 수업시간에도 일반학교에서 하던 것처럼 엎드려 잤는데, 그것도 통제하기 어려운 문제였다. 학생 수가 많아서 구석에서 한두 녀석이 엎드려 잔다면 혹 그냥 넘어갈 수 있었겠지만, 한 반에 5-6명 되는 교실에서 한두 명이 지각하고 한두 명은 엎드려 자니 학교 분위기가 제대로 잡히질 않았다.

땅끝에선 아이들 또 오겠습니다

더욱 중요한 것은 학생들이 그렇게 하지 않겠다고 결의했다는 데 있었다. 우리는 학생들이 자율로 결정한 바에 대해 책임감 있게 행동하도록 요구했는데, 이상과 현실 사이에서 매우 까다로운 세월을 보내야 했다.

영어 B와 D 사이에는 C가 있다. B, Birth(출생)와 D, Death(죽음) 사이에 C, Choice(선택)가 있는데, 우리는 태어나서 죽기까지 수많은 선택을 한다. 선택에는 책임이 따르게 마련이다. 책임의 범위를 철저히 개인적인 영역으로 제한하여 볼 것이냐, 아니면 사회나 국가로 확장시킬 것이냐에 따라 보수나 진보로 갈리기도 하는데 나는 책임은 개인에게 있다고 생각하는 사람이다. 그래서 선택한 것에 대한 개인적인 책임을 강조한다.

물론 그 책임의 범위가 개인의 차원을 넘어서는 것도 있을 것이다. 그러나 근본적으로 자유와 책임, 선택과 책임의 문제가 개인적인 영역에 속한다고 믿고 있다. 이런 생각에 기초하여 학생들을 훈련시킨다. 지각을 하면 그것은 전적으로 그 아이 책임이다. 학생에게 책임을 물었다.

책임을 떠넘기거나 방어기제를 써서 모면하려고 하는 행동은 용납되지 않았다. 예를 들어 주제발표를 할 책임을 맡은 학생이 준비를 안 해온 경우, 그 책임을 물어 벌을 받게 했다. 정직하게 자신의 게으름을 인정하고 잘못했다고 반성하면 용서받았다. 그런데 그 책임을 부모에게 전가한다든지, 책을 구하지 못해서 그랬다든지 하여 온갖 구실을 붙여 합리화하려고 들면 용납하지 않았다. 이런 경우

학생이 자신의 진면목에 직면하도록 대화를 시작한다.

심리학자 에간은 이런 말을 한 적이 있다.

"지지 없는 직면은 비참하며, 직면 없는 지지는 창백하다."

내담자에 대한 공감 없이 직면하도록 강요하는 것은 그를 비참하게 만들지만, 동시에 직면하도록 돕지 않으면서 학생을 지지하기만 하는 것도 한심한 일이다. 정직하게 자신이 한 행동의 동기를 들여다보고, 진실한 사람이 되게 하는 것은 매우 중요한 훈련이다.

이 훈련이 우리 학교의 핵심 사업이라 해도 과언이 아니다. 우리 학교의 핵심 사업은 학생 수가 늘어나고, 학교건물을 짓는 데 있지 않다. 학생 한 명, 한 명을 진실한 인간으로 길러내는 것이 우리의 중심 과업이다. 심리적으로 진실하고, 책임감 있는 사람을 만들어낼 수 있다면 그 교육은 성공한 것이라 믿기 때문이다.

남을 때리거나 폭력을 행사한 아이가 있을 때, 우리는 부모를 부른다. 그때 놀라운 것은 정말 "죄송합니다," "잘 지도하겠습니다"라고 말하는 부모가 많지 않다는 것이다. 친구를 잘못 만나 그렇다고 하거나, 학교환경에 문제가 있다고 말한다. 때린 일에 대해 사과하면 모든 일이 간단하게 정리되는데 그렇게 하지 않으니 일이 점점 더 복잡해진다.

왜 그럴까 생각해보면 부모님에게 두려움이 있는 것 같았다. 다른 사람들로부터 자기 자녀가 잘못했다는 평판이나 자식을 그렇게 길렀다는 비난을 받을까봐 두려워하는 것 같다.

그래서 자기 아이를 있는 그대로 보지 못한다. 부정이나 억압 같은 방어기제를 동원하여 마치 책임이 다른 데 있는 것처럼 투사해버린다. 자식이 우상이 된 사람들이다. 놀라운 것은 그런 분들일수록 자신은 믿음도 좋고, 온전하며, 좋은 사람이라고 착각하고 있다는 것이다.

한 남자 아이가 다른 학생을 때려서, 맞은 학생이 정신과 치료를 받은 적이 있었다. 해당 학생의 부모에게 전말을 말씀드렸더니, 이미 알고 있다며 자기 아이는 장난으로 한 것이라 했다. 미안하다든지, 잘 타일러 반복되지 않게 하겠다든지 해야 할 것 같은데 전혀 그런 기색이 없었다. 장난으로 찬 돌멩이가 따뜻한 봄날 호수에서 햇볕을 즐기고 있던 개구리 뒤통수를 때려 죽음에 이르게 할 수 있다는 이야기는 이솝우화에만 있는 것이 아니다. 현실이다. 그런 일이 발생했을 때 진심으로 사과하고, 피해 학생이 그 공포에서 벗어날 수 있도록 도와야 하는데 그렇게 하지 않았다. 도리어 자기 아이에게는 아무런 문제가 없다고 강변했다.

그럴 때마다 생각하게 되는 것은 문제 학생 뒤에 문제 부모가 있다는 것이다. 부모들은 어른이니 말이 통할 것 같은데, 도리어 학생들과 훨씬 말이 잘 통하고 편하다. 학생들은 장난으로 그렇게 했는데 만약 상대 학생이 고통 받고 있다면, 정말 잘못된 것이라며 사과했다. 학생들이 부모보다 훨씬 낫다는 생각을 했다.

실수는 누구나 할 수 있다. 그러나 실수했다고 그 아이 전체가 문제 있는 것이 아니다. 사과 한 톨을 샀는데 일부가 썩었다면 어떻게 해야 하는가? 썩은 부분을 도려내야 한다. 자기 잘못을 들여다보고 실수를 인정하는 것은 참으로 아름다운 일이다. 그런데 왜 자신의 과오, 자녀들의 실수를 인정하지 못하는 것일까?

하나님은 100세에 얻은 아들, 이삭을 바치라고 아브라함에게 명령했다. 아브라함은 매우 고민스러운 사흘 길을 간 뒤, 모리아산에서 하나님께 아들을 바쳤다. 이 이야기가 우리에게 교훈하는 것은 무엇일까? 우리도 우리 아이를 하나님께 바쳐야 한다는 것이다. 바친다는 것은 무슨 뜻인가? 소유권을 넘긴다는 말이다. 내가 낳은 자식이지만, 내 소유가 아니라고 인정하는 것이다. 내 소유가 아니므로, 이 아이를 하나님께서 원하시는 모습으로 길러야 한다. 중요한 것은 내 체면이 아니라, 하나님의 평가다. 하나님께서 무어라 하실지를 생각해야 한다.

건강한 부모의 사랑을 받고 자란 아이들은 자신의 과오를 인정할 줄 아는 사람으로 훈련된다. 훈련이 안 된 아이들 뒤에는 자식을 우상으로 삼은 부모가 있다. 우상이란 무엇인가? "하나님보다 더 사랑하는 모든 것"이다. 아이들을 하나님 보다 더 사랑해서 그들을 섬긴다. 그들에게 경배하다 보니 훈련을 시키지 못한 것이다.

어떤 사람들이 우상을 섬기며 살까? 실존주의 철학자들은 소외 때문에 그렇다고 말한다. 소외감을 심하게 느끼고 있는 사람들은 쉽게 우상을 만든다. 우상은 인간에게 가장 매혹적이며, 의심할 여지가 전혀 없이 진실하다고 가장한다. 불안과 두려움을 해소해줄 것처럼 가면을 쓰고 나타난다. 어떤 사람에게는 돈이, 어떤 사람에게는 사회적 성공이, 어떤 사람에게는 사랑이, 또 어떤 사람에게는 자식이 우상이다. 그들이 가장 진실한 것처럼 생각한다.

아이들이 과연 진실할까? 진실할 때도 있고, 거짓될 때도 있다. 어른들은 아이들의 말에서 이 둘을 다 읽어낼 수 있어야 한다. 그런데 자녀를 우상삼아 살고 있는 부모들은 완전히 속아버린다. 그 결과 아이들은 좋은 사람으로 훈련되지 못하고, 나쁜 아이로 자란다.

자유, 우리 학교의 핵심 가치다. 우리는 선택하고, 이동할 수 있는 자유를 가진 존재들이다. 그러나 이 자유는 책임을 동반한다. 자유로운 선택의 결과에 대해 최종적인 책임을 질 줄 아는 사람이 되어야 한다. 나아가 내 책임은 아니지만, 기꺼이 다른 사람의 짐도 들어줄 수 있는 사람이 된다면 그것은 매우 자랑스러운 열매가 될 것이다. 우리 학생들이 자신의 생명과 능력과 물려받은 모든 것이 하나님의 선물이라는 것을 고백하고, 기꺼이 자신의 생명을 하나님의 제단 위에 올려놓을 수 있는 사람이 된다면, 그 보다 더 큰 보람과 영광은 없을 것이다.

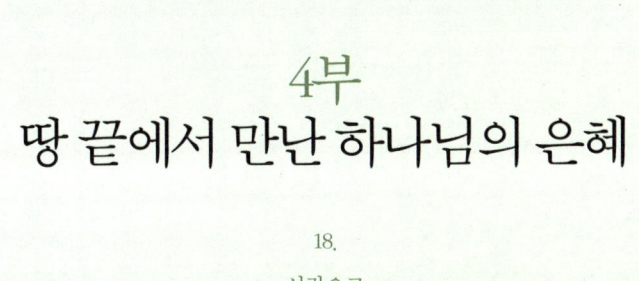

4부
땅 끝에서 만난 하나님의 은혜

18.

사랑으로

19.

아이들이 달라지는 변곡점

20.

하나님 체험

21.

지리산 버스사고

22.

학교 운영과 도움의 손길들

18
사랑으로

학교를 설립하면서 교사를 채용했다. 체육, 국어, 영어, 수학, 과학 각각 한 명씩 뽑아 학생들을 받기 전 먼저 우리 학교는 어떤 대안학교가 되어야 하는지 책을 읽고 토론했다. 두 달간의 준비기간이 끝나자, 계약서에 사인하는 절차를 밟게 되었다. 공교육에 종사하는 교사들이 채용될 때 쓰는 계약서를 가져다가 사인하도록 했는데, 놀랍게도 국어교사가 계약서에 싸인을 하지 않았다. 대학생 때 학보사 기자를 했던 그 분은 계약서에 있는 특정 문안을 문제 삼았다. 그러자 동조하는 교사가 생겼다. 과학교사도 사인을 하지 않았다. 하는 수 없이 그 두 분과는 계약을 하지 않기로 했다.

당황스러운 일은 거기에서 그치지 않았다. 수학교사는 행정직원과 냉장고에 있는 음식을 꺼내먹는 문제로 다투는 바람에 그만두었다. 2개월간의 준비 끝에 학기를 시작하려고 하는 찰나 이런 일이 발생한 것이다. 하는 수 없이 체육을 맡으신 허양회 선생님, 영어교사 김재석 선생님, 두 분 교사를 중심으로 학교를 시작하게 되었다. 고마운 것은 그 두 분 교사가 기둥처럼 서고, 뒤이어 온 교사들도 협력하면서 우리 학교는 견고해졌다.

우리 학교는 교사를 공채한다. 교육청 홈피에 채용광고를 내거나 교사채용 전문기관에 광고를 해서 교사를 채용한다. 교사자격증이 있어야 하고, 신앙고백이 분명해야 한다. 그리고 대안학교에서 일하는 동기도 확실해야 한다. 그렇게 채용된 교사들에게 가능하면 공교육에 종사하고 있는 교사들과 비슷한 수준의 급여를 지급하려고 노력하고 있다. 교사들의 사기와 복지에 급여는 중요한 역할을 한다고 믿기 때문이다. 덕분에 이직하는 분이 거의 없다.

"학교개혁은 교사개혁에 달려 있다"는 말이 있다. 교사들이 바뀌지 않으면, 학교는 달라지지 않는다는 말이다. 그래서인지 요즘은 대학도 교수들에게 강의법에 대한 재교육을 거듭 실시한다. 다양한 매체를 이용하여 교수학습과정을 준비하도록 격려하고 있다.

이런 노력은 우리 학교도 예외가 아니어서, 교수 학습과정에 다양한 매체를 활용하도록 지원하고 있다. 그런데 가장 중요한 매체는 교사 자신이다. "매체가 곧 메시지다"라는 유명한 말이 있다. 교사가 좋은 매체가 되면, 학생들은 학습에 진보를 보이게 된다. 실력 있는 교사, 영성이 있는 교사로 인해 교실이 변하고, 학생들은 달라진다. 대안학교 교사라는 확고한 정체성을 가진 교사, 그 정체성이 머리에만 머물러 있는 것이 아니라 가슴으로, 가슴에서 구체적인 행동 하나 하나에 그리스도의 흔적이 묻어 있는 교사가 될 때 학생들은 변한다. 나는 우리 학교 교사들의 가슴 속 깊은 곳에 사랑이 있어야 하고, '사랑으로' 교육해야 한다고 외친다.

그런데 '사랑으로'를 외치는 대안학교에 와서 섬기고 있는 교사 가운데 손에 매를 들고 다니는 분이 있었다. 기회가 있을 때마다 '사랑으로' 돌보자고 했음에도 불구하고, 그 말을 받아들이지 못하고 있었다. 매로 학생들을 위협하기도 하고, 심지어 때리는 일도 있었다. '사랑으로'라는 슬로건을 내걸었음에도 손에 들려 있는 매는 '폭력으로'라는 메시지를 전하는 것 같았다. 같은 공간에 있으므로 내가 말하면 따라올 줄 알았는데 그게 쉽지 않았다.

이 문제로 인해 재교육의 필요성을 절감하게 되었다. 교사들에게 주 중에 한 번 모이자고 했더니 교사들이 동의하여 시작된 것이 목요성경공부 모임이었다. 먼저 기독교 교육 사상사를 읽었다. 오인탁 교수 외 여러 학자들이 쓴 책인데 구약시대부터 예수님, 코메니우스, 그리고 현대에 이르기까지 다양한 교육 사상을 역사적으로 공부했으나 크게 감동되는 것 같지는 않았다.

교육 사상에 대한 정리를 한 번 했다는 데 의미를 두고, 그 다음 단계로 무엇을 할까 고민했다. 성경으로 돌아가야겠다고 생각하면서 교사들과 하나님 말씀을 공부하게 되었는데, 효과는 첫 시간부터 나타났다. 공부를 마치고 난 선생님들의 얼굴에 기쁨과 영적 활기가 느껴졌다. 하나님의 말씀은 교사들을 '살아 있고,' '활기차게' 했다.

공부했던 주제 가운데 하나는 우리 학교가 지향하는 '사랑'에 관한 것이었다. 사도 요한이 쓴 편지 가운데 두 본문을 비교해 보았다.

요한복은 5장 24에 있는 말씀과 요한일서 3장 14절을 대조하여 묵상하고 느낀 점을 서로 나눴다.

> 요 5:24 "내가 진실로 진실로 너희에게 이르노니 내 말을 듣고 또 나 보내신 이를 믿는 자는 영생을 얻었고 심판에 이르지 아니하나니 사망에서 생명으로 옮겼느니라."
>
> 요일3:14 "우리는 형제를 사랑함으로 사망에서 옮겨 생명으로 들어간 줄을 알거니와 사랑하지 아니하는 자는 사망에 머물러 있느니라."

사망에서 생명으로 옮겨지는 계기가 있는데 요한복음에서는 '믿음'으로, 요한일서에는 '사랑'으로 그리된다고 했다. 이 두 책은 동일한 저자가 썼고, 요한일서는 요한복음에 비해 시기적으로 늦게 쓰였다. 그러니까 요한은 상당한 기간 동안 믿음이 중요하다고 생각하다가, 어느 시점부터 사랑이 중요하다고 느낀 것이다. 그것은 믿음이 필요 없다는 말이 아니라, 믿음이 사랑으로 입증되어야 한다는 말씀이었다. 사랑하지 않는 성도는 아직도 사망 가운데 있는 사람이라는 뜻이기도 했다.

본문을 읽고 묵상한 후, 적용해보았다. 우리의 사랑에 대해 토론했다. 우리가 사망에서 생명으로 옮겨진 사람답게 사랑하고 있는지 진솔한 이야기들이 오고 갔다. 특별히 손에 매를 들고 아이들을 대하는 것이 사랑인지 아니면 통제와 분노의 표출인지 토의했다. 대부분의 교사들이 손에 들려있는 매가 사랑의 표현이 아니라는 데 동의했다. 행동수정을 위한 강화물이 결코 학생들을 바꾸지 못한다는 것도 인정했다. 성경공부를 정리하면서 '사랑으로' 아이들 곧 형제를 돌보자고 했을 때, 선생님들의 영혼 속으로 거룩한 것이 들어가는 느낌을 받았다.

교사들은 이 진리에 동의하면서도 자신들이 아직 성화되지 못한 상태에 있다고 고백했다. 믿음이 사랑으로 나타나야 하는데 아직도 복음말씀이 머리에서 가슴으로, 가슴에서 행동으로 내려가지 못하고 있다고 인정했다. 김수환 추기경이 살아계실 때 "머리로 알고 있던 것이 가슴으로 내려가는 데 70년이 걸렸다"고 말씀하신 것을 읽은 적이 있다. 깊이 공감하며 읽었던 말씀이었는데 그것은 곧 우리 교사들의 현실이기도 했다. 사랑으로 학생들을 돌보기 원하지만, 감정이 튀어나오고, 분노가 쏟아져 나와 한계를 느끼곤 하는 것이었다. 그런 교사들을 위로하려고 나는 이런 경험을 소개했다.

어부로 지낼 때, 물고기를 잡다보면 그물에는 다양한 물고기가 걸려 올라왔다. 지난 밤 그물을 내려 다음날 아침 걷어 올린 그물에 걸린 물고기인데도, 하룻밤 사이에 속살을 완전히 빼앗긴 채 껍데기만 남아있는 생선이 있었다. 허렁구라 부르는 물고기였는데, 그 녀석은 하룻밤 사이에 속살을 다 빼앗기고 껍질만 덩그러니 남은 모습으로 올라오곤 했다. 그러나 한 밤을 지냈음에도 여전히 살아서 싱싱한 모습을 간직한 채 올라오는 광어나 도미 같은 생선도 있었다.

세상에 살고 있는 우리의 모습도 이와 같은 것 같다고 말했다. 어떤 물고기는 싱싱하게 살아있고, 어떤 물고기는 속살을 다 빼앗겼다. 온전한 물고기도 있고, 결함이 있는 물고기도 있다. 하지만 우리 모두는 구원이라는 그물에 걸린 물고기들이다. 그물에 걸려 상대를 미워하고 증오하며 살 수도 있지만, 같은 그물에 걸려 있는 물고기끼리 서로 불쌍히 여기고 사랑하면서 살아갈 수도 있다.

나는 교사들에게 이렇게 권면했다. 같은 그물에 걸려 있는 우리 서로 불쌍히 여기며 사랑으로 살자. 분위기가 숙연해졌다. 그리고 정말로 그렇게 하기로 마음에 결단했다.

교사는 왜 존재하는 것일까? 학생들을 사랑하기 위해 존재한다. 교사가 학생들에게 지식을 가르친다면 얼마나 가르칠 수 있을까? 그 분량이나 내용이라는 것이 초라할 것이다. 우리도 학교를 졸업했지만, 선생님들이 가르쳐준 공부내용은 기억하지 못한다. 다만 그 분의 독특한 교육철학과 우리를 대해주었던 마음만 남아 있다.

생각해보면 가르칠 아이들이 있다는 게 감사하다. 소중한 아이들이 우리 앞에 있다는 게 감사한 일이다. 정말 고마운 마음으로 학생들을 귀히 여기며 사랑하는 것이 교사인 우리가 할 일이다. 우연히 가수 이적이 부른 '다행이다' 라는 노래를 들은 적이 있었는데, 노랫말이 절절하게 가슴에 와 닿았다.

그대를 만나고 그대의 머릿결을 만질 수가 있어서
그대를 만나고 그대와 마주보며 숨을 쉴 수 있어서
그대를 안고서 힘이 들면 눈물 흘릴 수가 있어서
다행이다

땅끝에선 아이들 또오겠습니다

그대라는 아름다운 세상이
여기 있어줘서.

거친 바람 속에도 젖은 지붕 밑에도
홀로 내팽개쳐져 있지 않다는 게
지친 하루살이와 고된 살아남기가
행여 무의미한 일이 아니라는 게

언제나 나의 곁을 지켜주던
그대라는 놀라운 사람 때문이라는 거

그대를 만나고 그대와 나눠먹을 밥을 지을 수 있어서
그대를 만나고 그대의 저린 손을 잡아 줄 수 있어서
그대를 안고서 되지 않는 위로라도 할 수 있어서
다행이다

그대라는 아름다운 세상이
여기 있어줘서.

    나는 학생들이 학교에 있어줘서 정말로 고맙다. 머릿결을 만질 수
가 있고, 함께 숨을 쉴 수 있다는 게 감사하고, 되지 않는 위로라도
할 수 있어서 다행이다. 그리고 이 아이들을 돌보는 교사들이 함께
있어줘서 정말 고맙다. 우리가 이곳에서, 이 땅 끝에서 하려고 하는

것은 '사랑'이다. 사랑으로 아이들을 섬겨 그들의 인생을 행복하게 살아가도록 돕고자 한다. 이 뜨거움으로 종종 고형원이 만든 '교사들의 노래'를 부른다.

우리 오늘 눈물로 한 알의 씨앗을 심는다.
꿈꿀 수 없어 무너진 가슴에 저들의 푸른 꿈 다시 돋아나도록
우리 함께 땀 흘려 소망의 길을 만든다.
내일로 가는 길을 찾지 못했던 저들 노래하며 달려갈 그길
그날에 우리보리라 새벽이슬 같은 저들 일어나
뜨거운 가슴 사랑의 손으로 이 땅 치유하며 행진할 때 오래
황폐하였던 이 땅 어디서나 순결한 꽃들 피어나고 푸른
의의 나무가 가득한 세상 우리 함께 보리라.

19
아이들이 달라지는 변곡점

공부도 잘 안하고, 게임에 빠져있어, 부모와 소통도 잘 안 되지만 하나님만 만나면 공부도 잘하고, 오락에서 벗어나 관계도 좋아질 것이라 말하는 부모를 만나는 것은 그리 어려운 일이 아니다. 맞는 말이다. 아이가 하나님을 만나면 변할 것이다. 그런데 그 가정은 기독교 집안이니 하나님이 계셨을 텐데 왜 아이들이 하나님을 만나지 못한 것일까? 다시 하나님을 만나기 위해 기도원이나 집회 장소를 찾아가야 하는 것일까?

그런 부모님에게 내가 묻는 몇 가지 질문이 있다. 여러분의 가정에 하나님이 계신 것을 믿느냐? 대부분 그렇다고 대답한다. 그러면 하나님을 안 만난 것은 아니지 않겠느냐? 그런 것 같다고 한다.

그렇다면 하나님이 왜 역사하지 못했다고 생각하는가? 이 질문에 선뜻 대답하는 분을 지금까지 별로 만나지 못했다. 자녀교육의 책임이 부모에게 위임되어 있는데, 그 역할을 제대로 하지 않고서 다른 데서 문제해결의 실마리를 찾으려고 한다는 게 내 생각이다. 문제가 발생한 이유는 하나님이 계시지 않는 데 있는 것이 아니라, 하나님의 사랑을 느낄 수 있는 구체적인 돌봄이 부족한 데 있다. 이 구체적인 돌봄이란 반영적 경청, 아이와 함께 시간 보내기, 자녀들의 욕구 존중하기 같은 것이다.

자녀를 사랑하지 않는 부모가 어디 있겠는가? 모든 부모들이 자녀를 사랑하고, 그들을 위해 헌신한다. 그러나 아이들과 함께 시간을 보내지는 않는다. 돈을 벌어다 필요한 것을 사주면 할 일을 다 한 것이라 여기는 것 같다. 내 자식이니까 부모가 말하면 모두 순종할 것이라 생각하는 것 같다. 그러나 현실은 다르다.

등교하는 아이에게 축복하고, 귀가하는 아이를 환대하는 부모가 없으면 아이들은 방황한다. 아버지가 있긴 하지만 대화와 함께 노는 시간이 없는 아버지의 부재는 아이 인생에 쓴 뿌리가 된다. 집은 있으나, 행복한 가정을 잃었기 때문이다.

부모에서 선생님으로, 선생님에서 친구로, 친구에서 자신으로 점점 권위의 소재가 이동한다고 한다. 이전 단계는 다음 단계의 기초가 되어 나선형적으로 발전하는 특징이 있다. 그런데 소속감이 흔들리면 권위의 소재가 이동할 때, 이전의 기초 위에 건물을 세우지 않고 새로운 터 위에다 건물을 세우게 된다. 그동안 사랑했던 부모의 가르침과 삶 위에다 선생님의 가르침을 보태는 것이 아니라, 아예 이전의 터전은 무시해버리고 새로운 터 위에다 집을 짓는다. 가정에서 소속감을 얻지 못했던 경우, 친구에게 권위의 소재가 옮겨지면 부모의 말은 더 이상 통하지 않게 된다. 이런 상태에서는 훈계하거나 체벌을 해도 자녀들은 변하지 않는다.

예수님은 제자들이 잘했다고 상을 주고, 잘못했다고 벌을 주신 적이 없다. 당신이 정한 규칙을 어겼다고 빨간 스티커를 붙이면서 잘못 행동한 수를 세지 않으셨다. 유다가 나쁜 짓을 꿈꾸고 있을 때도 빨간 딱지를 붙이면서 행동을 수정하시지 않았다. 예수님은 실수할 가능성이 있는 제자들에게 예고를 하셨지만, 실수한 다음에 벌을 주지는 않았다. 참고 또 참으셨다. 성경에는 "사랑은 언제나 오래 참고"라 했는데 예수님은 오래 참으시면서 제자들을 사랑하셨다.

우리 학교의 경우, 학생이 잘못했을 때 무엇을 잘못했는지 시비를 가린다. 그리고 앞으로 어떻게 할 것인지 묻는다. 본인의 이야기로 무엇을 잘못했는지 말하게 하고, 앞으로 어떻게 할 것인지 설명하게 한다. 매듭을 짓기 위해 가끔 벌을 주는 경우가 있긴 하지만, 대부분 잘못된 것을 인정하면 벌을 주는 대신 반복하지 않도록 주의를 준다. 같은 실수를 또 해도 동일한 방법으로 다룬다. 여기 한 학생의 이야기를 본인의 동의를 얻어 옮겨 실었다.

"중 1때 저는 놀이터 흙 파먹으며 살았던 개구쟁이 소년이었습니다. 부모님께서 기독교 대안교육에 관심이 많으셔서 저는 뜻하지 않게 대안학교에 가게 되었습니다. 그 곳에서 캐나다로 교환학생을 가기 전까진 모든 것이 평화로웠습니다.

백지 같이 순수했던 저는 낯선 땅 캐나다에서 시커먼 먹물들을 무서운 속도로 빨아들이기 시작했습니다. 금지된 포션들을 마시고 입에선 마법의 연기가 뿜어져 나왔습니다. 본래의 목적인 영어공부보단 이곳저곳 파티에 가고 던전을 기웃거렸습니다.

이러한 악습은 한국으로 돌아온 후에도 계속되었고 결국 다니던 학교를 그만두게 되었습니다. 학교를 다니지 않으면 더욱 자유롭게 내 맘대로 살 수 있을 것 같아 처음에는 행복했습니다. 아침에 일어나고 싶을 때 일어나 엄마가 식탁위에 올려주신 천 원짜리 몇 장을 주섬주섬 챙겨 피시방으로 등교를 했고 친구들 하교시간에 맞추어 학교를 기웃거렸습니다. 이런 생활이 반복되자 제 자신에게도 지쳐갔고 평생 함께할 것 같았던 친구들과도 보이지 않는 거리감이 느껴졌습니다. 저는 제 인생을 비관하기 시작했고 반항심은 극대화되었습니다. 유흥비가 부족했던 저는 설거지 아르바이트를 시작했습니다. 그 곳에서 일하며 교복 입은 학생들을 많이 마주치게 되었고 다신 교복을 입을 수 없다는 불안감이 엄습했습니다. 학교생활이 그리웠습니다. 하지만 이미 퇴학생딱지가 붙은 저를 받아주는 학교는 없었습니다.

그러다가 주님이 절 이 곳 데오스에 보내셨습니다. 교실이라곤 원룸 하나가 전부였던 조그마한 학원 같았습니다. 학교에 보내주면 열심히 공부하겠다던 부모님과의 약속과는 달리 데오스에서 새로운 친구들을 사귀어 또 신나게 놀았습니다.

그 땐 어린 마음에 선생님들의 걱정 어린 잔소리와 꾸중을 즐겼습니다. 너무 오랫동안 불규칙적인 생활에 익숙했던 저는 정상적인 학교생활이 어려웠습니다. 아침에 일찍 일어나 학교에 와서 의자에 앉아있는 것조차 힘들었습니다. 그래서 또 다시 노는 것에 집중하기 시작했습니다. 그러다 결국 일생일대의 큰 실수를 저질러 벼랑 끝에 서게 되었습니다. 한 번의 실수로 인해 인간처럼 살 수 없을 뻔했는데 데오스의 선생님들께서 단지 제가 제자라는 이유 하나만으로 같이 짐을 나누어 지셨습니다. 학교에서 미운털 박힌 오리새 끼였는데 선생님들께선 절 끝까지 믿어주셨습니다.

그 때의 저를 생각해보면 어떻게 데오스에서 졸업을 할 수 있었는지 정말 신기할 따름입니다. 데오스 선생님들은 포기하지 않으시고 끝까지 절 기다려주셨기 때문입니다. 이런 선생님들의 마음에 귀를 조금씩 기울이며 꽁꽁 얼었던 마음을 열었고, 비록 공부는 안 해도 선생님들과 유대관계를 쌓으며, 데오스 모든 식구들과 가족처럼 지냈습니다. '가족'이란 단어, 지금의 데오스는 많이 커졌지만 그 때 그 분위기를 표현할 말은 '가족'이 가장 정확한 것 같습니다. 그리고 예의범절, 순종, 존경과 같은 단어를 이해하기 시작했습니다.

선생님들과의 관계가 바로 서자, 공부와 신앙은 부수적으로 따라왔습니다. 수업시간에 맨 뒤에서 요가매트를 깔고 자던 저였지만 수업하시는 선생님들께 엄청난 결례라는 것을 깨닫고 책상에 앉기 시작했습니다. 그러면서 저의 비전에 대한 고민도 시작되었습니다. 이미 데오스 입학 때부터 음악을 한다고 나대면서 수학을 포기했었고, 음악적 한계를 체험한 뒤에는 돌이킬 수 없을 만큼 멀리 왔던 때였습니다. 공부하는 습관이 하루아침에 생기는 것이 아니었기 때문에 야자시간이 나 자신과의 전쟁이었습니다. 어려서부터 글을 잘 쓴다는 소리를 들어왔지만 이 달란트를 무시하며 살았습니다. 활동적인 저에게 '글쓰기'는 시시한 일중에 속했습니다. 하지만 교회 집사님들의 기도 응답과 선생님들의 권유로 생각지도 못한 '문예창작학과'라는 목표가 생겼습니다.

주님이 주신 비전, 그것을 향한 달리기는 너무나 순조로웠습니다. 남들 2-3년씩 하는 실기를 몇 달만 준비하고 대한민국 3대 문창인 명지대 문예창작학과에 진학할 수 있었습니다. 지금 보면 은혜라고 밖에 달리 표현할 말이 없습니다. 실기 날도 장염에 걸려 주어진 3시간 중 30분만 쓰고 화장실로 직행했습니다. 정말 주님은 못하시는 일이 없는 것 같습니다.

저는 어디서 무엇을 하든 미약하게나마 주님을 놓지 않고 있었기 때문에 지금 이렇게 멋지게 살고 있는 것 같습니다. 누가 뭐라 하든 저는 지금 제 삶에 만족하고 충분히 멋있다고 생각합니다. 하지만 그 것을 발견한 시기가 조금 늦은 것 같아 후회도 됩니다. 여러분들은 저 보다 빨리 그 멋진 삶을 찾아, 나중에 저보다 더 멋진 선배가 되어 저 대신 이 자리에 서주셨으면 합니다."

졸업생들이 후배들을 찾아오는 홈 커밍 데이에서, 한 학생이 한 연설이다. 이 학생은 선생님들을 많이 힘들게 했다. 그 학생 안에 하나님이 계시지 않아서 그런 것이 아니었다. 하나님이 그 학생 안에 계셨지만 하나님이 역사하실 수 없었다. 하나님이 거하실 집터는 준비되어 있었지만, 그 위에 집이 지어지지 않았다.

기독교 가정에서 자란 아이들이 청소년 시기에 방황한다면 그 아이들의 마음속에 하나님이 없어서가 아니다. 성령을 받지 못한 까닭도 아니다. 아이 안에 하나님도 계시고, 성령님도 거주하고 있지만, 하나님과 소통할 수 있는 주파수가 열리지 않았기 때문이다.

좋은 메시지가 송출되고, 스마트한 수신기를 갖고 있음에도 중계기가 없어서 통화가 안 되는 것과 같다. 아이들과 소통이 잘 안 되면 부모들은 중계기를 고쳐야 하는데 그런 노력은 하지 않고 먼저 꾸짖고, 비난한다. 수신기에 문제가 있다고 지적하는 것이다. 심지어 때리기도 한다. 때리면 제대로 작동될 것이라 믿고 있는 것이다. 그렇게 하면 고장 난 수신기는 더 나빠질 뿐이다.

"볼지어다 내가 문 밖에 서서 두드리노니 누구든지 내 음성을 듣고 문을 열면 내가 그에게로 들어가 그와 더불어 먹고 그는 나와 더불어 먹으리라" 요한계시록 3장 20절의 말씀이다.

문이 열리려면 음성이 들려야 한다. 혼내려고 두드리는 것이 아니라, 사랑의 초대라는 확신이 듣는 이에게 느껴져야 한다. 사랑의 음성으로 들려져야 마음의 문이 열린다.

부모, 자식 모두 서로에 대한 사랑이 없는 것은 아니다. 문제는 소통이다. 사랑의 소통이 안 되는 것이 문제다. 사랑이 소통되기 위해서는 인격적으로 받아들여지는 경험이 필요하다. 자신의 존재와 욕구가 존중된다는 느낌이 필요하다. 있는 그대로 받아들여진다는 느낌, 자신의 욕구가 비난받지 않고 인정된다는 확신이 들면 학생들은 문을 연다. 이를 위해 어른들이 솔선하여 중계기도 고치고, 송출하는 메시지의 전달방법도 고쳐야 한다.

기독교에서는 구원받았다는 말은 치유 받았다는 말과 동일하게 사용되기도 한다. 기독교인은 예수를 구주로 믿어 죽음에 이르는 병을 치유 받은 사람들이다. 그러나 세상 속에서 빛이 되고 소금이 되려면 그것만으로는 부족하다. 성장하는 과정에서 받은 내면세계의 치유가 필요하다.

아이들도 마찬가지다. 내적 치유가 일어나야 한다. 예수 믿어 구원은 받았지만, 성장하는 동안 가정에서 받은 상처로 인해 성령님이 역동적으로 활동할 수 없게 된 것이다. 신앙적 가치를 말하는 부모로부터 받은 상처로 아이들이 그 음성에 반응할 수 없게 된 것이다. 이를 고치는 노력과 수고가 필요하다. 이 일은 아이의 인격을 존중하고 수용하는 부모의 태도 변화를 통해 가능해진다.

부모의 태도에 변화가 일어났다면 그 다음으로 학생이 자신의 문제를 내성할 수 있는 지식이 제공되어야 한다. 이 지식은 상처받은 내면세계로 내려가는 비밀 계단이다. 이 계단으로 내려가 자신이 갖고 있는 진짜 문제가 무엇인지 들여다보는 용기, 직면하는 용기를 가질 때 깨달음이 온다. 깨달음, 인식의 변화가 오면 행동의 변화는 자연스러운 일이다.

"내가 여호와를 기다리고 기다렸더니 귀를 기울이사 나의 부르짖음을 들으셨도다." 시편 40편 1절에 있는 말씀이다.

시편 40편은 학교를 시작한 후 더욱 좋아하게 된 말씀이다. 부르짖음에 응답해주신 기적 같은 일들이 수를 헤아리기 어려울 만큼 많았다. 많은 학생들을 위해 기다리고 기다리면서 기도했더니 마침내 학생들이 변했다. 새로운 사람이 된 것이다. 교사나 부모의 음성이 들리면 이미 아이들은 변한 것이다. 그 전에 일어나야 할 것이 있다. 위에 소개한 학생의 글을 다시 인용해보겠다.

"학교에서 미운털 박힌 오리새끼였는데 선생님들께선 절 끝까지 믿어주셨습니다. 선생님들은 포기하지 않으시고 끝까지 절 기다려주셨기 때문입니다."

학생에 대한 믿음이 첫 번째다. 포기하지 않고, 끝까지 사랑으로 기다리는 것이다. 그러면 아이들은 변한다. 음성을 듣고 문을 연다. 문을 열면 그 다음은 어른들이 걱정하지 않아도 된다.

20
하나님 체험

지방에 살고 있는 여학생이 입학하여 학교 게스트룸에서 살게 되었는데 오자마자 탈출하여 잠수(?)를 탔다. 사감 선생님이 연락을 해도 전화를 받지 않아 여러 날 고생한 끝에 겨우 학생을 찾아 부모님이 계신 시골로 보냈다. 몇 주 지난 후 다시 학교로 돌아왔으나 마음까지 온 것은 아니었다. 여전히 친구들과 만난다며 숙소에 들어오지 않는 상황이 반복되었다. 무책임한 행동을 하면 안 된다는 것을 설명하고, 또 설명했으나 잘 듣지 않았다.

우리는 한 학생을 받으면 끝까지 책임진다는 마음으로 학생을 돌보기 때문에 일단 받고 나면 최선을 다한다. 스스로 나가지 않는 한 포기도 없고, 퇴학도 없다. 이 여학생에 대한 돌봄도 동일해서 이 학생을 새롭게 하기 위해 팔을 걷어붙였고, 선봉엔 사감 선생님이 있었다. 어느 날 밤 사감 선생님이 이 여학생에게 C.C.C에서 사용하는 사 영리를 전했다. 그 때 이 여학생이 하나님을 체험하게 되었다. 여기 그 여학생이 말한 내용을 적었다.

"보충수업이 있던 어느 여름이었습니다. 저는 학교에서 도망갔다가 보충수업을 듣기 위해 다시 학교에 왔습니다. 학교에 오기는 했지만 여전히 마음은 딴 곳에 있었습니다. 저녁이 되어 밤이 깊어 가는데 사감 선생님과 이런 저런 이야기를 하게 되었습니다. 선생님은 대학생선교회 순장출신이었는데 제게 사영리를 소개해주었습니다.

내용은 잘 기억나지 않았지만 사영리를 소개받으면서 마음이 뭉클했습니다. 하나님에 대해 전혀 알지 못하던 제가 하나님에 대한 이야기며, 저 자신의 죄에 대한 이야기를 듣게 되었는데 왠지 마음이 뜨거웠습니다. 그 뭉클함에 울면서 잠이 들었습니다. 그때까지만 해도 저는 불면증에 시달리고 있어서 밤이면 잠을 잘 자지 못했습니다. 그런데 그 날은 너무 편안하게 잠을 잤습니다.

그날 밤 매우 환하고 밝은 공간에서 하얀 옷을 입은 커다란 분이 저를 안아주셨습니다. 그분에 비하면 저는 너무 작은 아이였습니다. 얼굴은 기억할 수 없는데 그 커다란 분이 조그만 나를 푹~ 안아주셨습니다. 저는 느낌으로 하나님이라 생각했습니다.

행복하게 한밤을 자고 난 다음날부터 제게 변화가 찾아왔습니다. 전에는 전혀 생각해보지 않았는데 왠지 목표를 가지고 살아야겠다는 마음이 들었습니다. 신기했습니다. 한 번도 그런 생각을 해 본적이 없는데 목표를 가지고 살아야겠다는 마음이 들었습니다. 무엇을 하면 좋을까 고민하다 발레를 시작하기로 했습니다. 꿈을 발레로 정하자 학원을 찾아보게 되었고, 학원을 다니면서 다이어트도 했습니다. 뭔가 열심히 해야겠다고 생각이 들었습니다.

특이한 것은 그날 밤 이후 부모님에게 잘못했던 것이 마치 영화 화면처럼 떠올라 지나갔습니다. 갑자기 잘못했던 모든 것이 떠오르는데 정말 힘들었습니다. 부모님을 힘들게 해드렸던 모든 것이 생생한 영상으로 떠올라 가슴이 아팠습니다. 그래서 아빠에게 그동안 잘못한 여러 가지 것에 대해 미안했다고 편지도 썼습니다. 전에는 그렇게 싫었던 아빠가 좋아졌습니다. 참 이상한 일이었습니다.

그 후 또 하나의 생각이 저를 찾아왔습니다. 감사하다는 마음이었습니다. 지금까지 살아오면서 무엇에 대해 감사하다고 느낀 적이 없었습니다. 늘 불평거리만 보였지 감사한 일은 없었습니다. 그런데 부모님들이 나를 이 학교에 보내준 것이 참 감사하다는 생각이 들었습니다. 그래서 열심히 공부해야겠다고 마음먹게 되었습니다. 저는 이제 부모님 마음을 아프게 하고, 걱정끼쳐 드린 몇 배로 기쁨으로 돌려드려야겠다고 생각하고 있습니다."

이 여학생의 변화는 너무나 선명했다. 전에 이 여학생이 걸어오면 어둠이 함께 오는 것 같았다. 저 멀리서 걸어오면 우울함이 더불어 오는 것이 느껴졌다. 아이가 무거운 짐을 끌면서 걸어오는 것 같은 느낌이었다. 그런데 예수님을 구주로 영접한 다음부터는 달랐다. 그 여학생이 걸어오면 밝음이 함께 오는 것이 느껴졌다. 쾌활함이 통통 튀면서 달려온다. 꽃피는 봄 동산에 한 마리 나비가 날아오는 것 같다. 짧은 기간에 사람이 저렇게 변할 수 있을까 싶다. 놀라운 변화였다.

고린도후서 5장 17절에 "그런즉 누구든지 그리스도 안에 있으면 새로운 피조물이라 이전 것은 지나갔으니 보라 새 것이 되었도다"고 말씀하신 것이 그 아이를 두고 한 말씀이었다. 존재가 달라졌다. 존재가 달라지니 목적론적 변화는 자연스러웠다. 무엇을 위해 살아야 할지, 그것을 어떻게 이뤄야 할지 스스로 계획을 세워 행동했다.

이 학생의 변화는 부모님에게도 영향을 주었다. 우리 학교는 졸업식을 하고, 저녁을 먹은 다음 입학식을 하는데, 식사를 마친 그 부모님 앞에 내가 찾아가 앉았다. 그 아이 아버지가 "목사님, 저 담배 끊었습니다"고 말하는 것이었다. 내가 그 분에게 담배 끊으라고 말한 적도 없는데 그렇게 말하는 데는 뭔가 다른 이야기가 있겠다 싶어 물었다.

"왜 무슨 일이 있으셨어요?"

"네 목사님, 전에는 우리 딸 생각하면 너무 답답해서 연신 담배를 입에 물고 지냈습니다. 너무 속상해서요. 그런데 요즘은 우리 딸 생각하면 입가에서 웃음이 번집니다. 지난 성탄절에는 딸이 보낸 편지한 통을 선물로 받았는데 정말 많이 울었습니다. 고맙습니다."

사회적으로 성공했으나 자녀로 인해 고통 받았던 한 중년 남성의 눈이 젖어 있었다. 한 아이의 변화가 가져온 또 다른 선물이었다.

유럽교회의 몰락을 지켜본 이들이 교회의 무용론을 주장하곤 한다. 유럽 교회가 텅텅 비는 것을 봐라. 결국 교회가 텅 비게 될 것인데 왜 교회 건물이 필요하냐며 이의를 제기한다. 일리 있는 주장이라 여겨지기도 하지만 근본적인 해결책은 아니라는 생각이 든다.

정말 중요한 것은 장차 필요 없어질 것이니 아예 시작도 하지 않는 것이 아니라, 다음 세대의 아이들이 하나님 체험을 하도록 도와주는 것이라 믿기 때문이다. 하나님을 알지 못하던 사람에게 복음을 전해서 그에게 하나님 체험이 있으면 삶에는 엄청난 변화가 찾아온다.

하나님 체험이 어려운 이유는 어디에 있을까? 고등학교 3학년인 어떤 여학생이 이렇게 말하는 것에 놀랐다.

"저는 제가 왜 하나님을 만나지 못하는가에 대해 많이 고민했습니다. 하나님을 만난 친구들을 보면 어디에서도 느낄 수 없는 기쁨과 자신감이 있는데… 나는 그것을 부러워하면서도 왜 하나님을 만나지 못하는 것일까 생각해보니 내가 좋아하는 것을 버려야 할 것 같은 두려움 때문이라는 것을 알게 되었습니다. 하나님을 만나면 내가 갖고 노는 재미있는 것들을 다 포기해야 할 것 같은 두려움이 하나님께 달려가지 못하게 했습니다."

나는 이 학생의 생각에 동의한다. 재미있게 놀 것이 있는데, 그것을 빼앗길까봐 하나님께 가지 못한다. 하나님은 그것을 빼앗지 않는데, 더 좋은 것을 주시는데, 사람들은 두려워한다. 하나님을 만난 사람들에게는 어떤 일이 일어날까? 우리가 즐겨 부르는 노래 가운데 '나 같은 죄인 살리신'(Amazing Grace)이란 찬송이 있다. "나 같은 죄인 살리신 주 은혜 놀라워 잃었던 생명 찾았고 광명을 얻었네"라는 가사인데 영어로 보면 내용이 좀 더 선명하다.

Amazing Grace how sweet the sound
that saved a wretch like me.
I was lost but now i'm found
was blind but now I see.

작사자 존 뉴튼은 마지막 소절에서 "전에는 눈 뜬 장님이었는데 이제는 보게 되었다"고 노래하고 있다. 하나님을 만나는 체험을 하면 전에 보지 못했던 것을 보게 된다. 전에 깨닫지 못했던 것을 깨닫게 된다. 그런 체험이 있고 나면 학생들은 완전히 다른 사람이 된다.

아래 글은 최치원이란 학생이 학급문집에 낸 글을 인용한 것이다.

"하나님 안녕하세요. 저는 최치원이에요. 처음에 입학절차를 밟기 위해 학교에 왔을 때 제가 조금 어수선하게 굴어서 이 데오스 학교에 못 다니게 될 수있다는 말을 들었습니다. 그 날 밤에 저는 학교를 다닐 자격이 없는 아이라고 생각해서 절망을 했었습니다. 그리고 다음 날 다시 데오스 학교에 와서입학시험을 봤습니다. 제가 공부를 잘 못하기 때문에 떨어질 거라 예상했지만 그래도 최선을 다해서 봤습니다. 그리고 얼마 뒤 놀랍게도 제가 학교에입학이 되었습니다. 아무래도 하나님께서 제가 시험에 통과 할 수 있도록 도와 주셨나봅니다.
지금까지 다른 학교에서는 왕따를 당하고 괴롭힘을 당해서 하루하루가 지옥같았습니다. 그런데, 이 데오스 학교에서 새로운 친구들도 사귀고 재미있게놀고 제 학교생활이 바뀌었습니다. 늘 저에게 희망을 주시고 재미있게 놀 수있는 친구들을 만나게 해주고 저를 지옥에서 해방시켜 주신 하나님께 감사드립니다."

아래 글은 최치원 아빠와 엄마가 쓴 글인데, 같은 문집에 실린 글이다.

땅끝에선 아이들 노오겠습니다

"지금까지 치원에겐 좋은 기억이 없었던 날들이 대부분이라 치원의 즐거운 추억을 만들어 주고 싶어 데오스에 보냈습니다. 얼마 전 흙의 축제 때 강원도에 가서 산에 올라 별자리를 관찰 한 날 게으르고 체력도 없는 아이가 산에 올라 하늘 가득한 별들을 보고 너무나 놀랐다고 합니다. 서울에선 하늘 한 번 쳐다 볼일 없었던 아이가 강원도 하늘에만 왜 별이 많냐고 물었습니다. 그러면서 자신은 원래 별을 좋아하고 있었다고 했습니다.

자신이 좋아하는 바를 확실히 말할 수 있게 된 것은 큰 변화이고 용기입니다. 또, 데오스가 제일 좋은 학교이고 제일 좋은 친구들이 있는 곳이라 자랑합니다. 진짜입니다. 툴툴 거리고 버릇없어도 선생님들을 사랑하고 친구들을 사랑합니다. 세상에 태어나 아무 목표도 이유도 없이 그냥 살아온 치원이를 쓸모 있는 사람으로 만들어 주신 은혜 감사합니다."

학생들이 하나님을 만나 변화될 때, 먹지 않아도 배가 부르다. 학교 운영 때문에 죽을 고생을 하면서도 학생들의 삶에 하나님이 들어가 존재를 바꿔놓는 것을 볼 때면 참 행복하다. 나는 더 많은 학생들이 하나님을 만나는 체험을 하게 되기를 사모하며 기다리고 있다. 존재론적 변화가 목적의 변화로 이어지고, 그 기쁨이 파문처럼 번져 가기를 소망한다.

21
지리산 버스사고

2012년 4월 30일 중학생들이 지리산종주를 떠났다가 내려오는 길에 사고를 만났다. 지리산의 관문이라 할 수 있는 오도재는 뱀처럼 구불구불한 급커브 도로로 관광 명물이지만, 그만큼 긴 내리막길에서 대형버스 등은 브레이크 과열 위험이 있다. 그런 위험천만한 곳을 천천히 내려오던 버스에 '베이퍼 록'(Vapor lock) 현상이 발생했다. 베이퍼 록 현상이란 브레이크를 과다사용하면 마찰열 때문에 브레이크 파이프 속 오일이 기화되고, 브레이크 회로 내에 공기가 유입된 것처럼 기포가 형성돼 브레이크를 밟아도 푹푹 꺼져, 브레이크가 작동되지 않는 상태를 말한다.

베이퍼 록 현상이 발생한 버스가 가파른 산자락을 내려와 평지를 달리기 시작하자 운전사는 차를 멈춰 세울 길이 없다는 것을 알았다. 브레이크가 작동되지 않는 상태에서 계속 달리다 버스가 도로를 이탈해 구르게 되면 중상자가 많이 발생할 수밖에 없는 상황에 이르게 된 것이다. 기사 아저씨는 "안전벨트를 확인하라."고 뒤에 앉은 지도교사에게 말했다. 지도교사가 학생들에게 안전벨트를 매라고 소리쳤다. 차를 세울 다른 방법이 없다는 것을 확인한 운전사는 버스를 도로 옆 방호벽에 밀착시켜 속도를 줄였다. 그리고 앞에 서 있는 전신주를 들이받아 버스를 멈춰 세웠다. 뒤집힌 채 멈춰선 버스는 폐차해야 할 지경에 이르렀지만 다친 학생은 거의 없었다. 전신주가 세 동강이 났는데 전선이 미끄러지는 버스를 잡아 당겨주는 역할을 함으로써 버스는 곧 멈춰 섰고, 절벽 아래로 떨어지지 않았다. 탑승했던 학생들은 교사의 인도를 받아 무사히 버스 밖으로 나올 수 있었다.

모든 학생들이 인근 병원으로 옮겨져 치료를 받았는데 다행히 크게 다친 학생은 없었다. 혹시 시간이 흐른 뒤에 이 사건이 트라우마가 될까 염려되어 모든 학생들을 정신과 진료도 받게 했는데 다행히 모두 건강했다. 교사 두 분이 두 주 동안 입원하여 치료를 받고 큰 후유증 없이 학교로 돌아올 수 있었다.

이 사건을 경험하면서 나는 다니엘의 사굴을 생각했다. 다니엘이 기도한다는 이유로 붙잡혀 사자 굴에 던져졌다(단 6:16-23). 왕은 신하들의 질투를 알았기에 걱정하면서도 다니엘을 사자 굴에 던져야 했다. "너의 하나님이 너를 구원하시리라"고 축복하면서 금식하며 밤새 다니엘을 위해 중보했다. 다음날 아침 이른 새벽에 사자 굴로 찾아간 왕은 다니엘이 죽지 않고 살아있음을 확인하고 매우 기뻐했다. 그리고 참소한 자들을 끌어다가 그들을 사자의 밥이 되게 했다.

다니엘의 이야기는 오래 전에 있었던 사건으로 기록되어 있는데 우리는 아이들의 버스 전복사건을 접하면서 그 이야기가 과거의 기록만은 아니라는 것을 알게 되었다. 우리 아이들도 사자의 입 안으로 들어갔는데 하나님께서 건져주셨다. 만약 인명 사고라도 났다면 상상하기 어려운 고초를 겪어야 했을 것이다. 사탄은 우리를 위험한 사건 속으로 몰았지만, 하나님은 천사를 보내 우리 아이들을 지켜주셨다.

중학생들이 국토종주를 떠나는 동일한 기간에 고등학생들은 해외로 착한 여행을 떠난다. 매년 나는 고등학생들과 동행했다. 고등학생 인솔은 교장선생님이 하지만, 나도 함께 가서 신앙적으로 지도하고, 위기 상황에 대처해 왔다. 그런데 올해는 어느 시점부터 해외 착한 여행에 동행하지 않는 게 좋겠다는 예감이 들었다. 머물러 중보로 기도하라는 영감을 받아 주변에 있는 분들에게 기도를 부탁했다. 그리고 나도 기도하며 교회에 머물러 있었는데 수요일 저녁 지리산에서 연락이 왔다.

비가 부슬부슬 내리는 와중에 아침 8시부터 걷기 시작해서 밤 9시가 되어 목적지에 도착했다는 보고가 들어왔다. 점심도 먹지 못한 채 걸었는데 걷기 힘들어 하는 아이들이 뒤로 처지면서 시간이 오래 걸렸다고 했다. 날이 어둡고 기온이 내려가면서 발을 다친 아이도 있고, 저체온증으로 쓰러진 아이도 있었다. 다급한 느낌이 들어 119를 불러 후송하도록 조치하고 걱정하는 맘으로 한 밤을 지냈다.

다음날 오전 인솔교사가 전화를 걸어와 아무래도 중도에서 하산

하는 게 좋겠다고 했다. 나는 상황이 어려우면 그리 하라고 했는데 오후 1시쯤 되어 사고가 났다는 연락을 받았다. 저체온증으로 후송된 아이도 걱정이 되어 불안했는데 사고가 났다는 소식을 접하자 매우 염려스러웠다.

행정실에 전화를 걸어 학부모님들을 학교로 오시라 연락을 드리도록 했다. 저녁이 되자 퇴근한 모든 부모님들이 모였다. 병원에 후송된 학생들의 상황을 정리하여 상세히 알려드리는 한편 응급차로 후송되어 온 교사 한 분과 학생 두 명을 살펴보러 분당 서울대병원으로 갔다. 다행히 예후가 나쁘지 않았다. 그리고 밤늦게 도착한 아이들이 버스에서 내리는 것을 보고서야 비로소 안도의 한숨을 쉴 수 있었다.

이 일을 겪으면서 전문 산행 가이드를 모시는 것의 필요성을 절감했다. 등산하는 학생들의 상황과 일기, 심지어 산에 관한 많은 정보를 제공해줄 수 있는 좋은 가이드를 모시는 것은 지리산 같은 큰 산을 종주할 때는 꼭 필요하다는 생각을 했다. 하나님이 하실 일이 있고, 우리가 해야 할 일이 있다. 나는 우리가 해야 할 일을 더 꼼꼼하게 챙겨야 한다고 생각하는 반성과 함께 하나님의 보호하심이 너무도 크게 느껴졌다.

아이들이 모두 사자 입 안에 들어갔는데 하나님은 그 입속에서 우리 아이들을 꺼내주셨다. 어떤 교사는 자기는 신앙이 별로 없었는데 사고를 겪으면서 건져주신 하나님의 은혜를 새롭게 느끼게 되었다고 고백했다. 하나님은 놀라운 방법으로 우리 공동체를 보호하고 계셨다.

이사야 43:1-3절 말씀은 평소 내가 좋아하는 말씀인데 이번 사건을 겪으면서 더욱 사랑하게 되었다.

"야곱아 너를 창조하신 여호와께서 지금 말씀하시느니라 이스라엘아 너를 지으신 이가 말씀하시느니라 너는 두려워하지 말라 내가 너를 구속하였고 내가 너를 지명하여 불렀나니 너는 내 것이라 네가 물 가운데로 지날 때에 내가 너와 함께 할 것이라 강을 건널 때에 물이 너를 침몰하지 못할 것이며 네가 불 가운데로 지날 때에 타지도 아니할 것이요 불꽃이 너를 사르지도 못하리니 대저 나는 여호와 네 하나님이요 이스라엘의 거룩한 이요 네 구원자 임이라…"

22

학교 운영과 도움의 손길들

학교를 개교하고, 신입생을 모집하면서 학부모들의 전화를 많이 받았다. 학교를 설립한 지 얼마나 되었는지 묻는 질문에 신설이라고 하면 돈은 있느냐고 물었다. 순간 어이가 없기도 하고, 이게 무슨 말인가도 싶기도 했다. 그런데 시간이 흐르면서 학부모들이 왜 그런 질문을 했는지 알게 되었다. 학교 설립과 운영에는 많은 돈이 들어갔다. 설립자 혼자 감당하기에는 무거운 짐이었다. 교회가 공간은 제공했지만, 후원해주는 개인이나 단체 없이 납부금만 가지고 학교를 운영한다는 것은 그리 쉬운 일이 아니었다. 그래서 급여일이 다가오면 매번 힘들었다.

우리 학교 급여일은 매월 17일이다. 박봉이지만 학교를 세운 이후, 단 한 번도 밀리지 않고 급여를 드린 것에 감사하며 지내고 있다. 정해진 날에 월급을 드리는 것은 당연한 일이지만, 막상 운영해보니 당연하지 않았다. 개교 초기에는 학생들로부터 받은 납부금으로 한 달 급여를 주기도 어려웠다. 매달 모자란 급여를 마련하기 위해 기도하고, 또 기도해야 했다.

어떤 일이 있어도 급여는 밀리지 않고, 드려야 한다는 생각으로 일하게 된 데는 사연이 있다. 개척 교회를 시작할 때 당시 미래산업 대표였던 정문술 사장이 점심을 먹자고 해 밥을 먹으면서 많은 이야기를 나누었는데 그 중 잊을 수 없는 이야기가 있었다.

정문술사장이 직장을 그만두고 주물공장을 차렸는데 사기를 당해 큰 빚을 지게 되었다 했다. 그래도 직원들의 월급은 밀리지 않아야 된다고 생각해서 돈을 빌려 월급을 주게 되었는데, 불행히 월급을 찾아오던 길에 여직원이 소매치기를 당했다. 정말 죽고 싶은 심정이었단다. 그런 상황에서도 다시 돈을 빌려 월급을 제 날짜에 맞춰 주었다고 하면서 교회를 시작하면 직원들 월급 밀리는 일이 없도록 하라고 신신 당부했다.

그 날 정문술 사장이 기업의 존재이유가 무엇인지 아느냐고 물었다. 이윤창출에 있는 게 아니냐고 했더니 아니라고 했다. 기업의 존재이유는 직원들의 후생복지에 있다는 주장이었다. 독특한 철학이었다. 어떤 일이 있어도 직원들의 월급을 안 준다든지, 밀려서 준다든지 하면 안 되는 이유가 여기 있었다. 직원들의 후생복지를 위해 기업이 존재하는 것이니까 함께 일하는 사람들의 월급을 못 주는 일은 있어서는 안 된다는 것이다. 이 이야기는 나에게 어떤 일이 있어도 직원들의 월급을 밀려 준다든지, 안 주는 일이 발생하지 못하게 하는 제어장치노릇을 했다.

학생들은 3개월 단위로 납부금을 낸다. 최근에는 그 돈으로 두 달간 학교운영을 할 수 있다. 두 달이 지나 세 번째 달이 되면, 마치 보릿고개를 넘어야 했던 조상들처럼 매번 까다로운 고비를 넘겨야 했다. 재학생 수는 많지 않아도 각 과목별로 교사들이 있어야 하고, 주요과목은 교사가 3명씩 필요하다. 어떤 경우에는 한 반을 세 그룹으로 나눠야 하기 때문이다. 이런 현실은 경영적인 측면에서 보면 비효율적이다. 수입은 적은데 지출은 많으니 학교경영에는 늘 어려움이 따른다. 매달 월급을 드려야 하는 때가 되면 속이 다 타들어가는 것 같다.

2011년 10월에도 급여일이 다가왔고 통장에 잔고가 없었다. 다음 주 월요일에 월급을 드려야 하는데 금요일이 되기까지 약 2천만 원이 부족했다. 거의 3개월마다 중보기도를 부탁드리던 터라 그 때는 염치가 없어서 나 혼자 기도하고 있었다. 그런데 주말에 한 학부모가 원서를 내면서 입학금과 3개월 치 납부금을 한꺼번에 넣겠다고 했다. 행정실에서는 아직 입학이 결정된 것이 아니니까 절차를 진행한 다음에 입금해야 된다고 말씀을 드렸는데도 먼저 입금을 시켰다. 특이한 일이었는데 덕분에 잔고가 늘어났다. 이제 천만 원만 부족한 상황이 되었으나, 여전히 돈이 생길 가능성은 없었다.

아무 일도 없이 월요일 오전이 지나가고 있었는데 12시가 다 되었을 때, 현지 엄마가 전화를 걸어왔다. 남편이 갖고 있던 주식을 처분하게 되어 기부금을 좀 내겠다고 했다. 고마운 말씀이었다. 행정직원을 통해 계좌번호를 알려드리도록 했다. 조금 지나니까 문자가 들어왔다. 통장에 돈을 넣었다는 내용이었다. 다들 힘겹게 지내고 있는 터라 큰 기대를 하지 않았다. 많으면 2~300만 원일 것이라 생각하고 통장을 확인해 보니 천만 원이 들어와 있었다.

건널 길이 없는 강 앞에 섰다고 생각했는데 길이 만들어지고 부족한 금액 천만 원이 정확하게 보충된 것이다. 하나님만 바라보고 있었는데 모자란 벽돌장을 하나님은 정확히 얹어 놓으셨다. 이런 일은 학교를 운영하는 동안 계속되었다.

학교를 운영하면서 좋은 협력자들을 많이 만났다. 그 중에 준철이 엄마를 잊을 수 없다. 매년 약간씩 적자가 생겼는데 그것이 누적되면서 약 8천만 원 정도의 빚을 지게 되었다. 상황이 그렇게 되자 어떻게 해야 할 지 막막했다. 돈을 빌릴 수 있는 데까지 빌려서 건물을 살 때 헌금했기 때문에 더는 빚도 낼 수 없었다. 이런 상황을 학부모 대표였던 준철 엄마에게 말씀드렸더니 자신이 사업을 하느라 마이너스 통장을 쓸 수 있는데 1억 정도는 꺼내 써도 된다면서 통장을 건네주었다. 이자만 잘 갚으면 된다고 말하면서 건네준 통장 덕분에 무사히 위기를 넘겨왔다.

학교가 설립되어 지금까지 운영되어 오는 동안 가장 많은 공헌을 하신 분은 가로세로한의원 이경희 원장이다. 그 분은 학교를 세울 때부터 연구위원으로 봉사하면서 학교의 근간을 마련하는데 최선의 노력을 다했다. 대안학교의 모델을 찾는 데서부터 시작하여, 설립 후 운영하는 데까지 물심양면으로 헌신했다. 재정적으로 어려울 때도 홀로 후원하면서 학교가 돌아갈 수 있도록 도와준 숨은 공헌자다. 그것만이 아니다. 입학하기 전 습관학교를 통해 데오스 학생이 되도록 준비시키는 일부터 매끼 식단을 짜는 문제까지 꼼꼼하게 챙

땅끝에선 아이들 또 오겠습니다

겨준다 덕분에 큰 과오 없이 학교를 운영할 수 있었다.

생각해보면 하나님은 내 곁에 좋은 동역자를 많이 주셨다. 그 분들의 협력이 없었으면 여기까지 오기 어려웠을 것이다. 어떤 분은 내가 인테리어에 상당한 감각이 있다고 칭찬한다. 듣기 좋은 소리이지만, 실상은 내 곁에 좋은 사람들이 있다. 교인 가운데 남산 서울타워를 리모델링한 건축회사 AI 박진 사장이 있다. 그 분은 MIT 공과대학에서 건축을 전공하신 분인데 인테리어에 관한 많은 조언을 해주었다. 덕분에 학생들이 식사하기에 참 좋은 식당을 얻었다. 그 분 도움으로 적은 돈으로 예쁜 공간을 꾸밀 수 있었다.

또 잡지 인테리어를 발행하는 박인학 사장도 내 인생에서는 참으로 귀한 분이다. 그 분은 지난 번 정자동 상가교회 인테리어를 맡아주었는데, 이매동 교회를 위해서도 기꺼이 수고해 주었다. 바쁜 와중에도 서울에서 분당을 몇 번이나 오가며 설계에 관한 구체적인 아이디어를 제공해주었다. 또 공사를 담당할 책임자를 선정하여 저렴한 비용으로 인테리어를 마칠 수 있도록 도와주었다. 아무런 보수도 드리지 못했는데, 기쁜 마음으로 봉사해주었다. 잊을 수 없는 분이다.

추석이 코앞에 있던 지난 가을 나는 교직원들에게 얼마의 떡값이라도 줘야 할 텐데, 가진 것이 없는 상황이어서 고민스러웠다. 잔고를 확인했더니 여유돈은 전혀 없었다. 기도 외에는 다른 방도가 없어서 하늘을 향해 창문을 열었다. 오후 쯤 되었을 때 어떤 학부모가 전화를 걸어왔다. 잠시 들르겠다고 하더니 추석인데 쓰라며 봉투 하나를 놓고 갔다. 감사한 마음으로 열어보았더니 그 안에는 우리 교직원들에게 줄 수 있을 만큼의 떡값이 들어 있었다. 덕분에 교사들에게 적은 돈이지만 가족들과 함께 즐겁게 명절을 보내라고 봉투 하나씩을 건넬 수 있었다.

이제 어느덧 세 번의 졸업식을 거행했다. 3회 졸업생을 배출하면서 학교가 자리를 잡아가고 있는 상황이다. 2012년 새 학기가 시작되면서 학부모 대표들과 점심을 먹는 자리를 마련했다. 학사일정에 대한 보고를 드리고, 학교 운영에 관한 여러 이야기를 나누며 내가 할 이야기가 다 끝나자 부모님들이 몇 가지 제안을 했다.

납부금을 올리자는 의견이었다. 또 우리 학교는 국토종주나 수련회 같은 외부활동을 할 때 전혀 돈을 걷지 않고 있는데 그 때마다 얼마씩 돈을 걷자는 제안이었다. 후원회를 결성하여 소액 기부자들을 모으자는 의견도 내놓았다. 다른 학부모들과 어느 정도 공감대를 이룬 상태라는 말씀도 덧붙였다. 참 고마운 말씀이었다.

재정적으로 쉽지 않은 상황이 계속되고 있으니까, 부모님들이 말씀하신 대로 하면 학교운영은 상당히 안정될 상황이었다. 그러나 나는 납부금을 올리는 것과 행사 때마다 돈을 걷는, 두 가지 제안은 정중히 사양했다. 대신 후원회를 만드는 것은 찬성했다. 우리 학교는 개교된 지 5년이 되었지만 후원회가 없다. 후원회가 발족되어 활동해준다면 정말 고마운 일이라 생각되어 그 일에 대해서는 찬성했다. 나 홀로 무거운 짐을 지고 간다고 생각했는데 이해하고, 힘을 보태려는 분들이 많았다. 그 고마운 분들 덕분에 여기까지 올 수 있었다.

학교를 설립하여 운영하면서 새삼 느끼는 것은 하나님은 나의 작은 신음에도 응답하신다는 것이다. 시편 40편 5절에 "여호와 나의 하나님이여 주께서 행하신 기적이 많고 우리를 향하신 주의 생각도 많아 누구도 주와 견줄 수가 없나이다. 내가 널리 알려 말하고자 하나 너무 많아 그 수를 셀 수도 없나이다."라는 시편 기자의 고백이 내 고백이기도 하다. 하나님께서 베풀어주신 기적의 수를 셀 수도 없고, 주께서 주신 모든 은혜를 다 말할 수도 없다.

학교를 소개하는 팜플렛에 교육문제로 고통 받는 부모님들의 눈물을 닦아드리겠다며 자녀들을 보내시라고 했는데, 도리어 학부모님들이 내 눈물을 닦아주며 학교운영에 부딪치는 많은 어려움을 외면하지 않고, 함께 짐을 져주고 있다. 그 고마운 사랑을 갚을 길도 없고, 다 표현할 수도 없다. 하나님께서 친히 갚아주시길 기도할 뿐이다.

5부
훈련으로 완성되는 가정

23.

토마스 고든에게 배운 대화의 기술

24.

사랑의 불꽃

25.

아버지는 왜 있는 걸까?

23

토마스 고든에게 배운 대화의 기술

매 주 월요일이면 재학생 어머니들이 모인다. 어머니들이 모여 기도회도 하지만, 자녀들과 어떻게 관계 맺어야 하는 지 교육도 받는다. 이 교육과정은 모든 어머니들이 참여해야 하는 필수과정으로 8주 동안 진행되며 내가 쓴 책, Happy Child Program을 주 교재로 사용한다. 이 프로그램을 만들게 된 이유는 부모들이 자녀들을 사랑하지만, 그들과 소통하는 기술과 지식이 부족하다고 판단되었기 때문이다.

첫 아이를 가졌을 때, 나는 아비로서 무엇을 준비해야 하나 생각했다. 엄마와 아이의 관계는 하나의 끈으로 연결된 생명적 관계지만, 아빠와 아이는 후천적으로 관계를 형성하게 되므로 뭔가 준비를 해야 했다. 여기 저기 뒤져보다가 서강대 평생교육원에 개설된 P.E.T를 받으러 갔다. 부모역할훈련(Parents Effectiveness Trainning)은 인간

중심이론을 만든 칼 로저스의 제자 토마스 고든이 만든 프로그램이 있었는데 결론부터 말씀드리면 한 학기 공부한 후, 한 번 더 수강했다. 거기서 받은 훈련을 완전히 내 것으로 소화하고 싶었기 때문이었다.

강의 내용은 단순했다. 문제 소유를 가리고, 그에 맞는 기술을 사용하라는 내용이었다. 자녀들과의 관계에서 일어나는 모든 이야기는 네모꼴 수용도식 속에 넣는 훈련이 핵심이었다. 자녀와의 관계에서 일어나는 모든 일을 네모꼴 수용도식 안에 넣어보라고 했는데 정말 모든 일이 이 도식 안에 넣어졌다.

다행히 문제소유를 가리는 것은 어렵지 않았다. 어떤 사건에 대해 자녀들이 힘들어 하면 자녀의 문제로, 부모가 힘들어 하면 부모의 문제로, 소유를 가려냈다. 아무도 힘들어하는 사람이 없으면 문제없음이 되었다.

문제의 소유
자녀의 문제
문제 없음
부모의 문제

문제의 소유를 가린 후에는 거기에 맞는 기술을 사용한다. 자녀가 문제를 소유했을 때는 경청을, 부모가 문제를 소유했을 때는 나전달이라는 기술을 사용한다.

땅끝에선 아이를 또오겠습니다

문제의 소유	기술
자녀의 문제	반영적 경청
문제 없음	없음
부모의 문제	나-전달

여기서부터 어려웠다. 자녀가 문제를 소유하게 되었을 때 경청이라는 기술을 사용해야 하는데 그 표현법이 나에게는 매우 까다로웠다. 예를 들어 아이가 '학교가기 힘들다'고 하는 자녀의 문제다. 이제 경청이라는 기술을 사용하여 말해야 하는데 이게 어려웠다. 엄밀히 말하면 어렵다기보다는 지도하는 교수와 약간의 의견차이가 있었는데 그것이 힘들었다.

나는 이렇게 말했다.

"응~, 학교가기가 힘들어?"

교수는 이건 경청이 아니라, 캐묻기라 했다. 나는 캐물을 생각으로 한 말이 아니고, 형태는 질문형식이지만 공감하는 표현이라 여겼는데 교수는 다른 식으로 말하라 했다.

"응 학교 가기 힘든 거로구나!"

경청하는 모든 말끝에 '구나'를 붙이도록 요구받았는데 그것이 참 어려웠다. 어렵다기보다는 어색했다고 표현하는 게 더 맞을 것 같다. 너무 어색해서 이 훈련이 잘 되지 않았다. 반복에 반복을 거듭하면서 점차 경청하는 말이 입에 붙기 시작했다. '~구나' 식의 표현법을 익히게 된 것이다.

반영적 경청은 단지 "~구나"로 표현하는 것에 그치지 않았다. 말하는 사람의 감정과 욕구에 반응하며 듣는 것이 경청이었다. 자녀가 어떤 말을 할 때, 표현 뒤에 숨어 있는 욕구와 감정을 읽어낼 지식과 이해심이 있어야 했다.

예를 들어 아이가 "엄마 나 학교 가기 싫어!"라고 말했을 때 어떻게 반응해야 할까? 이 말에서 힘들어하는 사람은 누구라고 생각이 되는가? 그렇다. 아이가 힘들어 하고 있다. 그러면 경청을 해야 한다.

어떻게 말해야 할까?

"얘, 누군 학교 가는 게 좋아서 다니는 줄 아니? 힘들다고 안 가면 뭐 할 거니?"

이런 대응은 경청이 아니다.

"학교 가기가 싫은 게로구나."

이렇게 말하는 것이 경청이다. 반영적 경청이라고도 하는데, 말하는 사람의 감정을 고스란히 되비쳐준다 하여 붙여진 이름이다. 마치 거울처럼 그 안에 있는 감정을 그대로 되비쳐주는 것이 경청이다.

부모들을 만나 이야기를 나눠보면 엄마들은 자녀들이 욕구를 갖고 있다는 것을 쉽게 이해하지 못한다. 또 표현 뒤에 감춰져 있는 말이 있다는 것도 잘 모르는 것 같았다. 꽤 유식한 분들이면서도 자녀들과 소통이 안 되어 몇 마디 말 밖에 하지 못한다. 더 깊은 대화를 원하면서도 그렇게하지 못하는 이유는 인간에 대한 이해가 부족하기 때문이다. 표현 뒤에 숨어 있는 욕구나 감정을 읽어내는 기술을 배우면 자녀들과 속 깊은 대화를 나눌 수 있다.

"엄마 귀신이 있는 거야?"

아이에게 궁금증이 생긴 것이다. 그렇다면 어떻게 반응해야 할까? 반영적 경청이란 기술을 사용하여 대답하면 이렇다.

"응 귀신이 있는지 궁금한 거로구나!"

사실적으로 대답하는 것은 경청이 아니다.

"아휴~ 바보야 요즘 같은 세상에 귀신이 어디 있어!" 혹은 "그럼 성경에 있잖아. 귀신이 있고말고!" 이렇게 사실적으로 대답하는 것은 경청이 아니다. 경청은 말하는 사람의 느낌과 감정에 반응하는 것이다. 귀신이 있는지 궁금해 하는 아이의 말을 거울에 되비쳐주듯 말하면 된다.

"엄마 학원가기 싫어. TV나 볼래!"

어떻게 반응해야 할까? 아이가 학원가는 것이 싫어서 텔레비전을 보겠다고 한다. 뭐라 대답해야 할까?

"아니 비싼 학원비 내고, TV나 보고 있으면 어떡해!" 이건 경청이 아니다.

"너 왜 그러니? 엄마 속 터져 죽는 꼴을 봐야 시원하겠니?" 이것도 경청이 아니다. 이렇게 대답하는 것이 반영적 경청이다.

"학원가기가 싫어서 텔레비전이나 보려는 거구나!"

말이 쉽지 어떤 부모가 이렇게 속 편히 대꾸할 수 있겠는가? 그래서 경청에는 쓸개가 녹아내리는 아픔을 참아내는 인내가 필요하다. 화가 나지만 아이가 힘들어 하니까 아이의 말을 들어주는 것이다.

이런 식의 대화는 자녀들의 상한 감정을 따뜻하게 어루만져서 세상을 살아갈 힘을 얻게 할 뿐만 아니라, 자신이 용납되고 있다는 느낌을 갖게 한다. 자신의 존재가 용납되니까 솔직하게 속내를 터놓고 말할 수 있게 되어 나쁜 감정은 빠져나가고 감정의 홍수에서 벗어나

23. 토마스 고든에게 배운 대화의 기술

게 한다. 두 학기 도안 거의 경청훈련을 받았다고 해도 과언이 아니었다. 덕분에 남의 이야기를 잘 들을 수 있는 귀를 갖게 되었다. 부모에게 필요한 것은 자녀의 말을 들을 수 있는 귀를 갖는 것이다.

이렇게 하여 경청훈련을 마치게 되었는데 또 하나의 관문이 기다리고 있었다. '나-전달'(I-Message)이다. 나-전달과 비슷한 게 있는데 '너-전달'이다. 이 둘을 구별하기가 처음에는 쉽지가 않았다.

어떤 학생이 나에게 뭔가 상의하러 와서 칭찬을 할 때 나 전달법이 있고, 너 전달법이 있다. 너 전달은 이렇다.

"네가 그 문제를 가지고 나에게 상의하러 온 것은 참 잘한 일이야!"

그러니까 말하는 사람이 평가자가 되는 표현이다. 이런 표현법은 나-전달이 아니다. 나-전달은 의미상의 주어가 '나'여야 한다.

"네가 이 문제를 상의하러 와서 (나는) 참 기뻐!" 이렇게 하면 나 전달이 되는 것이다.

자녀가 100점을 맞아서 칭찬을 할 상황이다. 너 전달법으로 표현하면 이렇다.

"100점 맞았구나. 참 잘했다."

말하는 부모가 잘했는지 못했는지 평가자가 된다. 그런데 나 전달법은 이렇게 한다.

"네가 100점을 맞아서 엄마는 참 자랑스러워!"

어떤가? 구별이 되는가? 나에게 이 훈련은 쉽지 않았다. 그런데 계속 훈련을 받다보니 개념을 잡을 수 있었다.

땅끝에선 아이들 또오겠습니다

우리 아이들이 성장하는 동안 나는 이 훈련 덕을 많이 보았다. 문제 소유를 가리고, 경청을 할 것인지 나 전달을 할 것인지 정한 후 기술을 사용했다. 경청 뿐 아니라, 나 전달도 좋은 기술이었다. 나 전달법은 사용하기 어색한 점도 있었지만 규칙을 따라 잘 표현하면 상당한 효과를 볼 수 있었다.

첫째, 문제를 일으킨 구체적 행동을 말하고,
둘째, 그로 인해 발생한 감정을 서술한 후,
셋째, 구체적인 영향을 말한다.

예를 들어보겠다. 좋아하는 드라마를 보고 있는 엄마에게 아이가 와서 귀찮게 할 때 밀어내면서 "아, 왜 이래~ 귀찮게. 저리가!"라고 하지 않고 나 전달법으로 말할 수 있다.

"엄마가 좋아하는 드라마를 보고 있는데 네가 와서 방해를 하면 엄마는 화가 나. 이 드라마는 엄마가 좋아해서 꼭 보고 싶은데 너의 방해 때문에 흐름을 놓치게 되거든. 다른 날 재방송을 찾아보려면 시간이 없어서 어렵고 사람들이 하는 이야기에 낄 수도 없어서 힘들어!"

이렇게 말하면 아이들은 엄마를 배려하느라 조심하게 된다.

나 전달은 아이들을 비난하지 않고도 좋은 결과를 얻을 수 있게 해주었다. 물론 나 전달이 만병통치약은 아니기 때문에 부모가 한마디 했다고 아이가 완전히 다른 태도를 보이는 것은 아니다. 그러나 부모가 도와달라는 메시지를 확실하게 보내면 아이들은 그 기대

23. 토마스 고든에게 배운 대화의 기술

에 부응하려고 노력한다. 특별히 예방적 나 전달은 상당한 효과가 있어서 문제를 사전에 수습하는 효과가 있다.

부모역할 훈련의 핵심은 어떻게 보면 문제없음의 영역을 확장시키는 데 목적이 있는 것 같다. 자녀들이 문제를 소유했을 때 경청으로 들어주거나, 내가 문제를 소유했을 때 나 전달을 통해 도와달라는 요청을 하면 까다로운 일이 발생하기 전에 문제가 수습되는 결과를 얻게 된다. 이 기술 덕분에 아이들과 좋은 관계를 맺으며 지냈다. 내가 원하는 방향으로 아이들을 끌고 가려는 욕심도 없었고, 그렇다고 제 멋대로 하도록 방임하지 않았지만 이 훈련은 많은 도움이 되었다. 덕분에 사랑하는 관계로 잘 지냈고, 아이들은 사춘기를 심하게 겪지도 않았다.

부모가 되는 일에도 훈련이 필요하다. 결혼하여 아이를 낳으면 저절로 부모가 된다고 생각하는데, 좋은 부모가 되는 데는 훈련과 지식이 필요하다. 호세아 4장 6절에 "내 백성이 지식이 없으므로 망하는도다."라고 탄식한 것을 읽을 수 있다. 자녀들과 행복하게 지내려면 아이들에 관한 지식이 필요하다.

나는 오랫동안 부모-자녀 관계에 대한 강의를 해왔는데, 부모들에게 발달심리학적 지식이 필요하다는 것을 절감했다. 부모들에게 발달심리학적 지식이 어느 정도 있으면 아이들과 행복하게 지낼 수 있는데, 그러지 못해서 어려움을 겪는 경우를 많이 본다. 그렇게까지는 아니더라도 최소한 부모역할훈련이라도 받아두면 자녀들을 돌보는데 많은 도움을 얻을 수 있을 것이라 생각된다.

땅끝에선 아이들 또오겠습니다

훈련을 통해 어머니들이 자녀들과 좋은 관계를 맺을 수 있도록 돕고 있다. 다행히 이 훈련을 마친 다음 부모-자녀관계가 좋아졌다고 말하는 분들이 많다. 또 학생들도 엄마가 달라졌다고 기뻐한다. 교육은 아이들만의 일은 아니어서 부모인 우리도 배우고 성장해야 한다. 이 지식과 기술은 자녀들과의 관계를 개선시켜줄 뿐 아니라, 배우자와의 관계도 좋게 하여 행복한 가정을 만드는 데 일정한 역할을 감당하고 있다.

24
사랑의 불꽃

학생들을 돌보면서 절실하게 느끼는 것은 가정의 회복이다. 사랑하는 두 사람이 만나 가정을 이루는데 가정에는 집도 필요하고, 가구도 필요하고, 돈도 필요하고 먹을 것도 필요하다. 필요한 것이 많다. 그러나 정말 중요한 것은 물질적인 것이 아니라, 사랑이다. 부부가 서로 사랑하면 행복한 가정을 이룰 수 있고, 자녀들도 건강하게 잘 자란다.

반대로 경제적으로 넉넉하더라도 사랑이 식어버리면 가정에는 위기가 찾아온다. 넓은 집도 좁게만 느껴지고, 아이들은 몸 둘 곳을 찾지 못해 방황한다. 행복한 가정을 위해 필수적인 요소는 부모의 학벌도 아니고, 사회 경제적인 위치도 아니다. 부부간의 사랑이다.

부부간의 사랑이 위기를 만나면 자녀들까지 괴롭힘을 당한다. 부부싸움이 심한 가정에서 자라는 아이들은 상처받으며 성장한다. 어

땅끝에선 아이들 또오 겠슴니다

른들이 생각하는 것보다 훨씬 더 심각한 상처를 받는다. 아이들이 건강하고 바르게 자라기 원한다면 가정이 평화롭고, 쉴 만한 곳이 되어야 한다. 이를 위해 가상 중요한 것은 삶의 본질을 이해하는 것이다.

바울은 고린도전서 13장 13절에서 "그런즉 믿음, 소망, 사랑, 이 세 가지는 항상 있을 것인데 그 중의 제일은 사랑이라"고 했다. 인간 삶에서 가장 중요한 것이 서로 간의 믿음이요, 사랑이요, 소망인데 그 중에서도 사랑이 제일 중요하다고 했다.

사랑이란 무엇인가? 사랑은 사랑에 빠지는 느낌에서 시작하지만, 그 과정은 '의지'이다. 사랑하기로 하는 것이다. 좋은 감정이 찾아와서 사랑 하지만, 그것으로 끝까지 갈 수는 없다. 사랑하려는 의지가 있어야 한다. 배우자의 매력이 사라지고, 약점이 보이기 시작할 때 그 때 진짜 사랑이 필요하다. 부부 사이에서 가장 구체적인 사랑의 표현은 들어주기다. 상대방이 하는 말을 잘 들어주는 것이 사랑의 가장 구체적인 표현이다. 배우자가 무슨 말을 하는지 잘 들어주는 것만으로도 사랑은 위기의 강을 건너간다. 부부 사이에서 발생한 위기의 강을 건너지 못한 이유는 놀랍게도 들어주지 않음에 있다.

배우자 간의 관계가 어려워졌을 때, 아내가 말을 할 수 있도록 남편은 들어줘야 한다. 아내가 말하는 동안 끼어들기 없이, 들어만 줘도 부부 사이는 한결 좋아진다. 아내도 마찬가지다. 남편이 무엇 때문에 기분 나빠하는지 들어줘야 한다. 사랑의 가장 구체적인 표현과 행동은 듣기이다. 기분이 나빠진 이유는 무엇인지, 어떤 점이 문제라고 여기는지 들어주는 것이 필요하다.

 듣기가 좀 더 효과적이기 위해서는 표현된 말 속에 내재된 배우자의 욕구까지 들어줄 수 있어야 한다. 모든 사람은 욕구를 가지고 있는데, 일차적인 욕구도 있고, 이차적인 욕구도 있다. 식욕, 수면욕, 성욕은 일차적인 욕구이고, 소속욕, 재미욕, 자유욕, 권력욕은 이차적인 욕구이다. 이 욕구를 존중하여 들어주는 것이 사랑의 구체적인 표현이다.

 결혼생활은 서로의 잔을 채우는 것으로 어느 한쪽의 희생만을 강요해서는 안 된다. 상대가 기대하는 잔을 채워주기 어려울 때, 설명하고, 설득하는 일이 필요하다. 설명 없이 함부로 거절하면 많은 문제가 발생한다. 특별한 상황이 생겨 배우자의 요구를 들어줄 수 없어 거절할 때, 상대방이 상처 입지 않도록 배려해야 한다.

 사랑은 타오르는 불꽃과 같아서 불꽃이 계속 타오르려면 기름이 공급되어야 한다. 문제는 많은 가정에서 기름이 공급되는 것이 아니라, 찬물이 끼얹어지고 그로 인해 타오르던 불꽃이 곧 꺼져버린 데 있다. 이런 사건이 거듭되면서 부부 사이는 멀어지고, 가정은 살얼음판 위를 걷는 것처럼 위험해진다.

 사랑의 불꽃을 꺼뜨리는 찬물에는 어떤 것이 있을까? 사랑의 불꽃을 꺼뜨리는 찬물로는 상처 주는 말과 비난이 있다.

 "당신은 항상 왜 그 모양이야!"

 "또 그랬어. 언제쯤 사람이 될 거야?"

 "내 그럴 줄 알았어. 당신 하는 게 그렇지 뭐!"

 이런 상처 입히는 말과 비난이 사랑의 불꽃을 꺼뜨린다.

땅끝에신 아이들 또오겠습니다

솔로몬은 "죽고 사는 것이 혀의 권세에 달려 있다"(잠 18:21)고 했다. 상대에게 상처를 주는 말, 비난의 말이 활기 넘치던 사랑을 시들게 한다. 공개석상이건 사적 좌석이건 배우자에게 비난이 된다고 생각되는 말은 조심해야 한다.

타오르는 불꽃을 꺼뜨리는 또 다른 행동은 부부싸움이다. 부부가 싸우는 일은 있게 마련이지만 역사적이 되는 것은 조심해야 한다. 어떤 남자가 친구에게 고민을 토로했다.

"집사람 때문에 참 미치겠다. 우리 집사람은 너무 히스토릭칼 (historical)해!"

듣고 있던 친구가 "히스토릭칼이 아니라 히스테리칼(histerical)이겠지!"

"아니! 우리 집사람은 너무 역사적이야! 속상한 일이 있으면 굴비처럼 옛 일을 모두 끄집어내서 다시 비난하고 신경질을 부려! 정말 미치겠어."

부부 싸움을 역사적으로 하는 분들이 있다. 한 번에 한 가지만 가지고 싸워도 문제를 수습하기 어려운데 신혼 초에 있었던 일부터 다시 꺼내 싸우면 문제는 수습되지도 않고, 관계만 나빠진다.

사랑의 불꽃이 계속 타오르게 하려면 기름이 필요하다. 어디에서 이 기름은 얻을까? 게리 채프먼은 다음에 소개되는 다섯 가지 행동 속에 사랑이 계속 타오르게 하는 기름이 들어 있다고 했다.

첫째, 인정하는 말이다. 아내는 남편의 인정을 원하고 남편은 아내의 칭찬을 원한다. 서로의 존재와 가치를 인정하는 말을 해주는 것은 사랑의 중요한 요소이다. 사랑의 불꽃이 계속 타오르기 원한다면 인정하는 말을 해야 한다.

둘째, 함께하는 시간이다. 사랑하는 가족이니까 함께 시간을 보내지 않아도 질 높은 의사소통이 가능할 것이라는 생각은 착각이다. 함께 시간을 보내지 않으면 서로가 무슨 생각을 하고 있는지 알 수 없다. 또 대화를 할 때 경청하여 듣는 훈련이 되어 있지 않으면, 효과적인 의사소통은 불가능해진다. 사랑의 관계가 유지되기 원한다면 시간을 함께 보내야 한다.

셋째, 선물이다. 배우자가 원하는 선물을 하는 것도 사랑의 표현이다. 사랑의 마음은 선물 속에 구체화되어 있다. 배우자가 좋아하는 선물의 목록을 갖고 있다가 때에 맞게 선물을 하는 것은 매우 중요한 사랑의 표현이다.

그런데 사랑은 무엇을 주느냐의 문제라기보다는 어떻게 주느냐의 문제이다. 어떤 부인이 시댁에서 어른들과 함께 살았다. 남편은 시아버지가 운영하는 회사를 다니고 있어서 자연히 생활비를 시어머니로부터 타서 쓰게 되었는데 생활비를 받는 날이면 무척 힘들어 했다. 그도 그럴 것이 시어머니가 생활비를 건네줄 때가 문제였다. 시어머니는 현금으로 생활비를 바꿔 건네주었는데 돈뭉치로 며느리의 머리를 톡 치면서 "생활비 여기 있다. 아껴서 써!"라며 건네주었다. 생활비를 주는 것은 고맙지만, 그 돈으로 머리를 맞는 것은 견디기 어려운 모멸감이었다. 사랑은 선물을 건네는 행위 속에 있다. 받는 사람의 입장에서 한 번 더 생각하는 지혜가 필요하다. 무엇을 주느냐가 아니라, 어떻게 주느냐에 진짜 사랑이 담겨있다.

넷째, 봉사다. 봉사는 배우자가 원하는 것을 해주는 것이다. 서로의

땅끝에선 아이들 또오겠습니다

힘든 것을 도와주고, 서로의 발을 씻어주는 행위 속에 사랑이 있다.

다섯째, 육체적 접촉이다. 손을 잡아주거나 키스를 하거나 안아주거나 성관계를 갖는 것은 사랑의 구체적인 언어이다. 이 언어를 통해 사랑은 상대방에게 전달된다.

흥미로운 것은 이 다섯 가지 사랑의 표현 가운데 각 부부가 원하는 사랑의 제 1언어가 다르다는 것이다. 어떤 가정은 선물을 제외한 나머지 네 가지가 다 잘 표현되고 있다. 그런 가정에서는 선물을 통해 사랑을 표현해야 한다. 어떤 가정은 인정하는 말만 없다. 그 가정에 필요한 것은 인정하는 말이다. 이렇게 사랑의 제 1언어는 가정마다 다르다는 것이 채프먼의 주장이다.

결혼하여 사는 동안 모든 가정은 나름 위기를 겪는다. 위기가 왔음에도 타오르는 불꽃을 잘 유지하는 가정들이 있다. 30세에 결혼하여 50년 동안 행복하게 사신 어떤 어른에게 물었다.

"결혼생활은 행복하셨습니까?"

"네, 비교적 행복했습니다."

"그럼 이혼 같은 것은 한 번도 생각해보지 않으셨겠네요."

"네 이혼 같은 것은 한 번도 생각해보지 않았습니다. 그러나 살인에 대해서는 많이 생각했습니다."

이혼은 생각해보지 않았으나 살인에 대해서는 많이 생각했다는 이 노부부도 위기를 겪으며 지내온 것이다. 다만 그 위기를 슬기롭게 극복하고 그 나이까지 온 것이다.

가정이 사랑의 불꽃으로 따뜻해질 때, 자녀들은 그 불에 몸을 녹일 수 있다. 어떤 경우 자녀교육에 관하여 부부가 다른 생각과 견해를 가질 수 있다. 여성은 관계적이고 남성은 현실적이라 아무래도 서로 다른 관점에서 자녀를 바라보게 된다. 이 때 한쪽의 의견과 주장을 강변하면 상처받는 쪽이 나오게 마련이다. '서로의' 의견을 존중하는 쪽으로 나가려고 노력할 필요가 있다.

가정의 회복은 너무나도 절실한 주제다. 가정이 온전해야 아이들도 온전해질 수 있기 때문이다. 부부가 불화하면서 아이들이 제대로 자라주기를 바라는 것은 욕심이다. 아이들은 부부가 안고 있는 문제를 고스란히 확대 재생산하기 때문이다.

자녀가 건강하게 자라기 원한다면 부부 사이가 좋아져야 한다. 이 일을 위해 우리 학교는 가정이 회복될 수 있도록 돕고 있다. 부모와 자녀들이 함께 하는 캠프를 통해 부부 사이도 개선시키고, 부모 자녀 관계도 좋아지도록 노력하고 있다. 우리의 노력이 꺼져가는 사랑의 불꽃이 계속 타오르게 하는 기름역할을 기대하면서 미약하지만 힘을 보태고 있다.

25
아버지는 왜 있는 걸까?

어떤 TV 프로그램에 초등학교 2학년 아이가 쓴 글이라고 소개된 적이 있는 시다. 아마 여러분도 한번쯤 들어보셨을 것이다.

아빠는 왜?

엄마가 있어 좋다
나를 이뻐 해 주어서

냉장고가 있어 좋다
나에게 먹을 것을 주어서

강아지가 있어 좋다

나랑 놀아주어서

아빠는 왜 있는지 모르겠다

이것이 한 가정의 가장이라는 아빠의 현주소라 하면 지나칠까? 아이들은 아빠가 왜 있는지 모르겠다고 한다. 왜 이렇게 된 것인가?

자녀교육에 있어서 아버지의 역할이 좀 더 필요한 세상이 되었다. 교육에 관한 모든 책임이 아내에게 있는 것처럼 떠넘겨지던 시대는 가고, 부부가 함께 고민하고 노력해야 하는 시대가 도래했다. 관계 중심적인 아내의 세계와 현실중심적인 남편의 세계가 자녀들 안에서 조화를 이루어야 하는 세상이 된 것이다. 이런 현실은 우리 학교도 아버지들을 위해 구체적인 도움을 드려야 할 필요성을 느끼게 했다. 자신의 아버지가 했던 것을 반복하지 않고, 개선된 모습으로 자녀들과 살 수 있도록 도와주는 일이 절실했다.

나는 아버지들에게 도움이 되기를 바라면서 아버지들의 모임을 주선하고 있다. 이 모임은 아버지들 간의 격의 없는 대화의 시간이기도 하지만, 자녀들과 행복하게 살아가는 비결을 전달하는 시간이기도 하다. 지식과 정보의 제공에 그치지 않고 구체적인 사랑의 표현이 가능하도록 도와준다. 이 만남을 통해 내가 깨달은 것은 대부분의 아버지들이 좋은 아버지가 되고 싶어 한다는 것이다. 그럼에도 좋은 모델과 자녀를 다루는 기술부족으로 인해 어려움을 겪고 있었다.

6. 25전쟁을 승리로 이끌었던 전쟁 영웅 더 글라스 맥아더는 늦은 나이에 아들을 얻었다. 그 아이를 잘 기르려고 노력했던 한 아버지

의 소원이 그의 기도문 속에 잘 나타나 있다.

내게 이런 자녀를 주옵소서

약할 때에 자기를 돌아볼 줄 아는 여유와

두려울 때에 자기를 잃지 않는 대담성을.

정직한 패배에 부끄러워하지 않고 태연하며

승리에 겸손하고 온유한 자녀를 주옵소서.

생각할 때에 고집하지 않게 하시고

주를 알고 자신을 아는 것이 지식의 기초임을 아는 자녀를 내게 허락하옵소서.

원하옵나니

평탄하고 안이한 길로 인도하지 마옵시고,

고난에 직면하여 분투 항거할 줄 알도록 인도하여 주시옵소서.

그리하여 폭풍우 속에선 용감히 싸울 줄 알고

패자에 관용할 줄 알도록 가르쳐주옵소서.

그 마음이 깨끗하고 목표가 높은 자녀를,

남을 정복하기 전에 먼저 자신을 다스릴 줄 아는 자녀,

장래를 바라봄과 동시에 지난날을 잊지 않는 자녀를 주옵소서.

이런 것들을 허락하신 다음

내 아들에게 유머를 알게 하시고

생을 엄숙하게 살아감과 동시에 생을 즐길 줄 알게 하소서.

자신에게 지나치게 집착하지 말게 하시고

겸허한 마음을 갖게 하사

참된 위대성을 소박함에 있음을 알게 하시고
참된 지혜는 열린 마음에 있으며
힘은 온유함에 있음을 명심하게 하옵소서.
그리하여 나 아버지는 어느 날
내 인생을 헛되이 살지 않았노라고 고백할 수 있도록 도와주시옵소서.

자녀를 위해 기도할 때 대부분 "공부 잘하게 해주세요, 건강하게 해주세요, 좋은 대학에 합격하게 해주세요." 이런 내용이 주를 이룬다. 그런데 맥아더의 기도에서는 그런 내용을 찾아보기 어렵다. 기도내용 대부분이 삶을 대하는 태도에 관한 것이다.

빅터 프랭클은 인생의 가치에 대해 말한 적이 있다. 좋은 경험이든지 나쁜 경험이든지 경험이 가치가 있다고 했다. 버려지는 경험은 없기 때문이다. 또 창조하는 것에 가치가 있다고 했다. 무엇인가 새로운 것을 만들어내는 것이 가치 있다. 또 하나 태도적 가치를 강조했다. 인생에서 정말 중요한 것은 태도라는 것이다. 부정적인 태도를 갖고 사느냐, 긍정적인 태도를 갖고 사느냐 하는 문제는 어떤 배경을 가진 집안에서 태어났느냐보다 훨씬 중요하다는 것이다. 긍정적인 태도를 가진 사람은 환경이 어려워도 마침내 극복하여 성공하는 사람이 된다. 그러나 부정적인 태도를 가진 사람은 경제적으로 넉넉한 가정에 태어났다 하더라도 실패하고 만다. 어떤 태도를 가진 사람이 되었느냐에 따라 성공적인 삶을 살기도 하고, 실패자가 되기도 한다.

땅끝에선 아이들 또오겠습니다

경영의 귀재라 불린 잭 웰치는 그의 자서전에서 어머니에 대한 이야기를 많이 하는 것을 읽을 수 있다. 그의 경영에 관한 능력은 대부분 어머니의 태도에서 배운 것이라고 했다. 그의 책에 나오는 이야기다. 고등학교를 다닐 때 라이벌 관계에 있는 학교와 아이스하키시합을 했다. 전, 후반 경기결과 비겼다. 연장전을 했는데 불행히 지고 말았다. 화가 난 웰치는 경기가 끝난 후 스틱을 바닥에 내동댕이치고, 상대팀에게 인사도 하지 않은 채 락카룸으로 들어왔다. 분이 풀리지 않은 채 옷을 갈아입고 있는데 락카룸을 벌컥 열어젖히며 들어오는 사람이 있었다. 발자국 소리가 익숙한 걸음이어서 문 쪽을 바라봤더니 그의 어머니였다. 성큼성큼 걸어온 그의 어머니는 아들 멱살을 잡더니 땅바닥에 패대기를 쳤다.

"이 녀석아! 패배에 정직하지 못한 녀석이 앞으로 무슨 일을 할 수 있겠니? 졌으면 깨끗하게 인정하고 승자에게 축하할 수 있는 인간이 되어야지!"

그 사건은 웰치에게 잊을 수 없는 일이 되었다 했다.

자녀를 위한 진정한 기도는 아이를 대하는 부모의 태도 속에 나타난다. 부모가 바른 태도를 가지고 양육하면 자녀들은 훌륭한 사람으로 성장하지만, 부모의 태도가 잘못되어 있으면 아이들도 병든 사람으로 재생산된다.

네 가지 유형의 부모가 있다고 한다.

첫째 허용주의적 부모유형이다. 허용적 부모는 자녀가 원하는 대로 들어준다. 어떤 것은 "안 된다"고 할 수 있어야 하는데 통제하지 않고 원하는 대로 하게 해준다. 그 결과 아이는 제 멋대로 하는 사람이 된다. 어디를 가든지 제가 하고 싶은 대로 한다. 타인에 대한 배려나 사회적 개념이 없어서 사랑받기 어려워진다. 버릇없는 아이로 자라게 된다.

둘째, 방임형이다. 통제도 지원도 없이 아이를 방치해버린 가정이 있다. 부부가 서로 자신들만의 욕정을 따라 살아가면서 아이들을 내팽개쳤다. 이런 가정에서 자란 아이들은 어떻게 해야 사랑받을 수 있는지를 모르기에 사회에 잘 적응하지 못한다.

셋째, 독재적 유형이다. 부모가 주도권을 쥐고 자녀들에게 강력한 영향력을 행사하는 가정이다. 부모가 하고 싶은 대로 아이들을 이끌어간 가정에서는 책임감 있는 아이들이 나오기 어렵다. 또 독재적 형태의 가정에서 자란 아이들은 사춘기를 심하게 겪을 가능성이 높다.

넷째, 민주적 유형의 부모다. 사랑에 근거해서 자녀를 통제하는 부모유형이다. 이 유형에 속한 부모들은 자녀들을 원칙에 근거해서 통제하지만, 그 깊은 곳에 따뜻한 사랑이 있다. 사랑으로 자녀들을 통제하는 이런 부모 밑에서 명랑하고 건강한 아이들이 성장한다.

어떤 유형의 부모인가? 나는 여러분이 민주적 유형의 부모였으면 좋겠다. 자녀들을 인격적으로 존중하여 지원하면서도 원칙을 따라 자녀를 기르는 부모, 일중심도 아니고 돈 중심도 아니고 명예중심도 아닌 원칙 중심의 삶을 살아가는 부모였으면 한다. 그 원칙을 가족 모두가 공유하고, 소통하되 중심에 아버지가 있었으면 좋겠다.

성경에 나타난 족장 가운데 야곱은 매우 인상적인 인물이다. 자녀

땅끝에선 아이들 또오겠습니다

들이 12명이나 되었는데 모든 아이들을 꼼꼼하게 누여겨보았다. 그리고 한 명, 한 명을 축복했다. 야곱의 축복은 고스란히 현실이 되고, 역사가 되었다. 현대사회의 가장 큰 문제 가운데 하나는 아버지의 부재라고 말하는 이들이 있다. 아버지는 있으나 아버지가 없는 세상이 되어가고 있다는 것이다.

어떤 초등학교에는 주말에 스포츠과외가 있다. 아빠가 아이들과 놀아줄 시간이 없으니 체육 과외를 시키는 것이다. 체육 과외라 해서 별 특별한 것을 하는 것이 아니라 아이들과 놀아주는 놀이다. 그런 모습을 바라볼 때면 아빠들은 뭘 하나 생각하게 된다. 물론 주말에도 아이들과 놀아줄 시간이 없는 아빠들이 있을 것이다. 하지만 대부분의 아빠들은 주말에 시간이 있다. 열심히 일하고 맞은 주말에 아이들과 산책하고, 놀이도 즐기는 것은 얼마나 행복한 일인가! 그것마저 과외 교사가 해야 하는 것일까?

입으로만 하는 기도는 기도가 아니다. 삶으로 드리는 기도가 진정한 기도다. 아버지의 시간 사용 속에, 삶을 대하는 아버지의 태도 속에 자녀를 위한 기도가 들어 있다. 어떤 자녀를 원하는가? 자녀들이 어떤 사람으로 성장해주기를 바라는가? 그 기도가 삶으로 나타나야 한다.

세상에서 하나님 다음으로 중요한 것이 가족이다. 그런데 현대사회에서는 가족은 뒷전이고, 돈이 그 앞에 서 있다. 돈만 많이 벌어오면 모든 문제가 다 해결될 것처럼 생각한다. 과연 돈만 많이 벌어오면 가정의 모든 문제가 잘 되는가? 도리어 돈을 많이 벌면서 더 많은 문제가 생기지 않던가? 정말 중요한 것은 돈 버는 목적이다. 가족들과 행복하게 살기 위해 돈을 버는 것이다. 돈은 가족 다음이다.

　주말이면 아이들과 산책을 하거나 놀아주는 것이 필요한데, 아빠들은 한 주간동안 돈 버느라 열심히 회사에 다녔으니까 쉬어야 한다고 생각하여 아이들과 함께 시간을 보내지 않는다. 그렇게 지낸 아버지들은 세월이 갈수록 소외된다. 이것은 어느 누구도 바라지 않는 것인데, 아버지들이 스스로 무덤을 파고 있다.

　아버지들이여! 한번쯤 되물어보라.

　"나는 왜 있는 걸까?"

　가족들과 행복하게 사는 것이 우선이다. 먼 훗날 그렇게 하겠다고 미루지 말고, 지금부터 노력해야 한다.

　아버지의 회복은 또 하나의 중요한 주제가 된 지 오래다. 나는 우리 학교를 통해 아버지들이 아버지의 자리에 서도록 돕고 있다. 아버지들이 자녀들을 축복하는 족장의 자리에 온전히 설 때 세상은 비로소 고요해질 것이다.

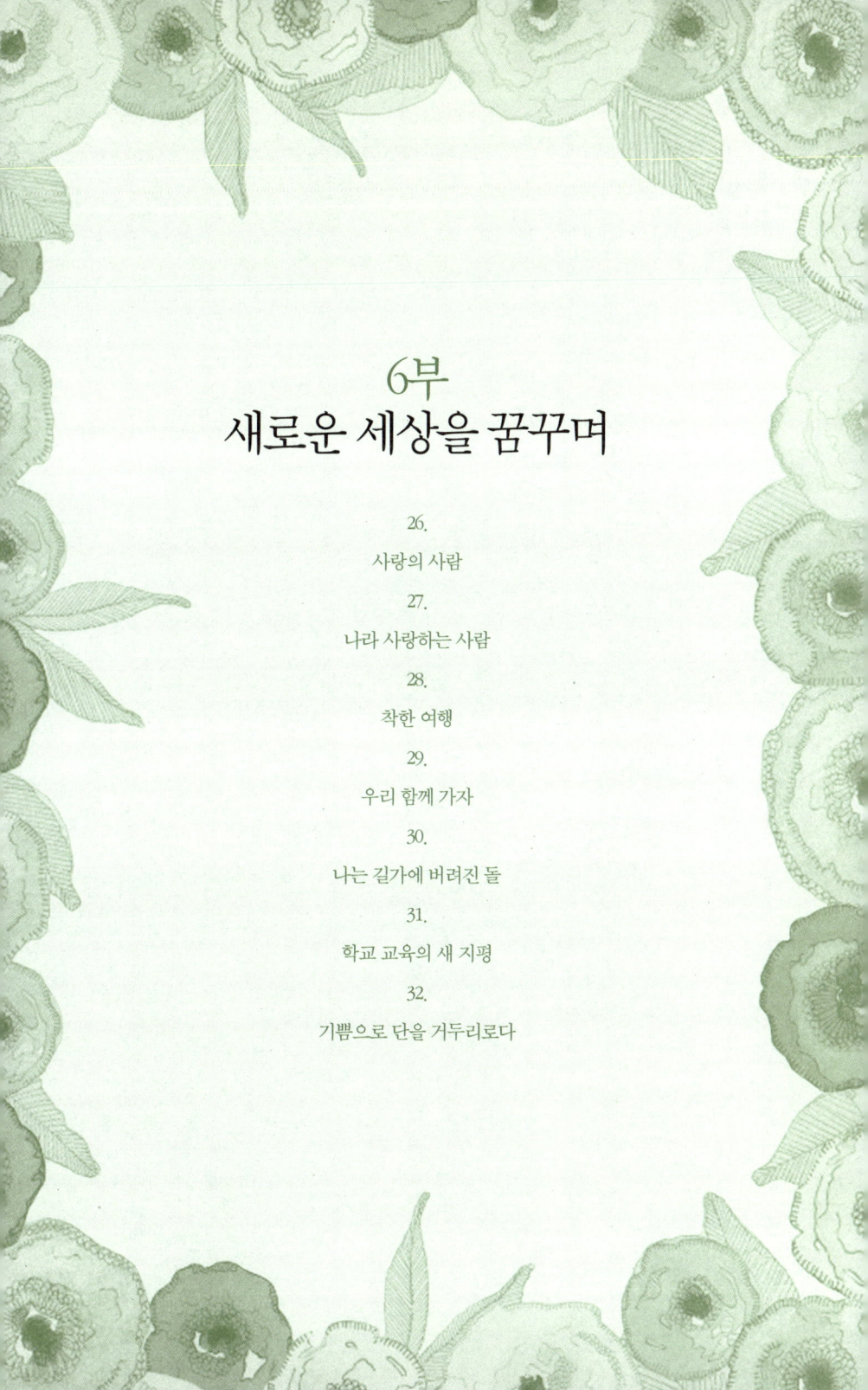

6부
새로운 세상을 꿈꾸며

26.

사랑의 사람

27.

나라 사랑하는 사람

28.

착한 여행

29.

우리 함께 가자

30.

나는 길가에 버려진 돌

31.

학교 교육의 새 지평

32.

기쁨으로 단을 거두리로다

26

사랑의 사람

　한국사회는 오랜 세월동안 교육의 목적을 입신양명에 두어 왔다. 수신제가치국평천하로 대표되는 유교교육의 목적이 사회 전체의 핵심가치로 작용했기 때문에 개인은 쉽게 그 범주를 벗어나지 못했다. 좋은 대학에 가고, 좋은 일자리를 얻어, 부유하고 넉넉하게 사는 것이 교육의 목적이요, 인생의 목적이 되었다. 사회 전체가 그런 집단 무의식을 갖고 있으므로 본인이 원하지 않아도 입신양명으로 내몰렸다.

　이런 우스갯소리가 있다.

　"한국의 교육문제를 결정하는 사람은 누구일까요?"

　대답은 "옆집 아줌마"다. 어떤 학원이 좋은지, 특목고를 보내기 위해서는 무엇을 해야 하는지 옆집 아줌마가 정보를 제공해준다. 그 정보를 따라 이 학원에서 저 학원으로 옮겨 다닌다. 왜 그렇게 해야 하는지에 대해서는 생각할 겨를이 없다. 그저 남이 하니까, 나도 따라 하고, 남들이 선망하고 부러워하는 것을 얻기 위해 자녀들을 내 몬다.

그렇게 해서 남들이 다 부러워하는 대학에 가고, 직장을 얻어 선망의 대상이 되면 성공한 인생을 살고 있는 것인가? 부러움의 대상이 되고, 돈을 많이 벌면 교육의 목적을 이룬 것일까? 우리는 돈도 많고, 사회적으로 부러움의 대상인 사람들이 자살하는 것을 너무 쉽게 보는 세상에 살고 있다. 사회적 지위도 높고, 소유한 것도 많아 선망의 대상이 된 사람들이 자살로 인생을 정리하는 것은 왜 일까?

에리히 캐스트너는 이솝 우화 신포도이야기를 각색하여 설명함으로 현대사회를 재조명하려고 했다. 여우 한 마리가 포도를 따먹으려고 온갖 노력을 했으나 키가 작아서 따먹지 못하고 돌아서야 했다. 배는 고픈데 따먹지 못하고 돌아서게 되어 속상한데 다른 여우가 물었다.

"포도 맛이 어때?"

솔직히 인정하면 좋으련만 이렇게 대답했다.

"이 포도는 시다."

이건 고전적인 신포도 이야기다.

캐스트너는 이 이야기를 중간에서부터 다르게 각색한다. 여우가 포도를 따먹는데 성공했다는 것이다. 옆에 있던 여우들이 환호하면서 칭찬한다.

"야! 대단하다! 어떻게 저렇게 높이 있는 포도를 따먹을 수 있지?"

사람들이 환호하면서 칭찬하니까 "솔직히 이 포도는 시다"고 말하지 못한다. 대신 "응 이 포도는 정말 맛있어!" 남들이 부러워하니까 자랑하려고 그리 말하면서 계속 따먹었는데 여우는 결국 위궤양으로 죽었다는 이야기다.

존재의 이유, 교육의 목적은 어디에 있는 것일까? 사회적 지위가 높아지고, 출세해서 돈을 많이 버는 데 있을까? 그렇게 되어 부러움의 대상이 되고, 칭찬을 한 몸에 받으면 성공한 것일까? 이 문제에 대한 대답을 영국의 교육학자 니일에게서 찾아보고자 한다. 그는 교육의 목적이 출세에 있다고 생각했던 틀을 깨고 개인의 행복 중심으로 추를 옮겨놓은 인물이다.

영국에서 서머힐이란 학교를 세운 니일은 교육의 목적이 개인의 행복에 있어야 한다고 주장했다. 교육이 학생을 불행으로 내몰면서 사회가 필요한 사람을 기르는 것이라면, 그게 개인에게 무슨 의미가 있느냐는 것이다. 이런 그의 생각은 프로이드의 심층심리학적 이론을 토대로 한, 독특한 학교 설립으로 이어졌다. 그의 이론과 실천을 모두 받아들이기는 어렵지만, 교육의 목적이 개인의 행복에 있어야 한다고 주장한 것은 코페르니쿠스적인 전환이라 할 수 있겠다.

세상에는 출세한 사람들이 많다. 사회적 지위도 높고, 수입도 많은데 어느 날 세상을 깜짝 놀라게 하면서 자살한다. 성공했는데 자살하는 이유는 개인의 삶이 불행해졌기 때문이다. 그 불행함을 감당할 수 없어서 스스로 목숨을 끊어버린다. 먹고 살기가 어려워서 그런 것이 아니다. 그렇게 된 데는 환경적인 원인도 있고, 내면의 갈등도 있을 것이다. 그러나 그 보다 더 어려웠던 환경에서도 잘 버티고 견뎌왔던 사람이 왜 무너지고 마는 것일까? 감당할 힘이 없어서 그런 것이다.

"내게 능력 주시는 자 안에서 내가 모든 것을 할 수 있느니라"(빌 4:13)라고 바울은 고백했다.

능력의 사전적인 정의는 '감당할 수 있는 힘'이다. 감당할 힘은 하나님으로부터 온다. 이 능력을 받지 못한 사람은 무거움과 우울함을 덜어내지 못한다. 가벼움과 쾌활함을 회복하는 능력을 갖지 못했기 때문이다.

예수님은 이런 말씀을 남겼다. "예수께서 대답하여 이르시되 기록되었으되 사람이 떡으로만 살 것이 아니요 하나님의 입으로부터 나오는 모든 말씀으로 살 것이라 하였느니라"(마 4:4). 사람이 밥만 먹고 살 수 없다면, 무엇이 필요한 것일까? 하나님의 입에서 나오는 말씀이다. 하나님의 입에서는 어떤 말씀이 나오는 것일까? "내가 너를 사랑한다!"는 말이다. 내가 너를 사랑한다는 이 말씀이 성경 전체의 요약이다. 이 말씀이 나를 위한 말씀으로 들려질 때, 우울함은 사라지고, 생기가 넘쳐나게 된다. 사랑받는 사람들의 얼굴을 보라. 사랑하는 사람, 사랑받는 사람들의 얼굴은 다르다. 그들에게는 환희가 있다.

왜 하나님의 사랑이어야 할까? 사람의 사랑은 '귤 알맹이는 빼먹고, 껍질은 버리는' 사랑이다. 사람들은 매력이 있으면 사랑하지만, 매력이 없다고 판단되면 가차 없이 버린다. 이런 에로스적인 사랑이 인

땅끝에선 아이들 또오겠습니다

간의 사랑이다. 그런데 하나님의 사랑은 인간들의 사랑과 달라서 변덕스럽지 않다. 매력 없는 사람일지라도 사랑으로 매력 있는 사람이 되게 한다. 조건이 나빠도 사랑하여 조건이 좋은 사람이 되게 한다.

하나님의 사랑이 마음으로 느껴지면 밥을 먹지 않아도 배가 부르고, 물을 마시지 않아도 시원하다. "내가 너를 사랑한다."는 하나님의 음성이 들려지면 새로운 삶을 살게 된다. 그 음성을 들은 사람은 다른 사람을 사랑하는 사람이 된다. 인생은 물들여져서 물들이는 것인데 하나님의 사랑에 물들여지면 그 사랑으로 다른 사람을 물들이며 살게 된다.

울지마 톤즈라는 영화를 본 적이 있다. 아프리카 수단에서 의료선교를 하다 암으로 소천한 이태석 신부의 일대기를 다룬 영화다. 그분은 의사였는데 신부가 되었고, 신부가 된 후 아프리카 수단에 가서 병들고 버려진 사람들을 위해 자신의 모든 것을 쏟아 부으신 분이었다. 어떻게 그런 삶을 살아갈 수 있었을까? 그 분 안에 사랑이 왔기 때문이다. 잠시 왔다 가는 인간의 변덕스러운 사랑이 아니라, 영원한 하나님의 사랑이 왔기 때문이다.

하나님의 사랑이 너무 크고 뜨겁게 다가오자, 그는 그 사랑에 응답하여 아프리카 수단으로 갔다. 그리고 거기에 있는 병들고 불쌍한 사람들을 위해 자신의 모든 것을 쏟아 부었다. 한국에서 의사로 살아가면 밥 먹고 살 만했을 텐데, 왜 가난한 아프리카 수단까지 가서 험한 고생을 했을까? 세상을 다르게 살도록 요구하시는 하나님의 말이 그 분 안에 있었기 때문이다.

나는 스스로에게 이 사역을 통해 얻고 싶은 것인지 물곤 한다. 시대를 이끌어가는 엘리트를 기르기 위함인가? 근본적으로 엘리트를 기르는 데는 관심이 없다. 왜냐하면 역사가 교육을 엘리트 지향적으로 하면 안 된다고 가르쳐주었기 때문이다. 유대인의 엘리트 교육이 낳은 결과는 쓸 데 없는 우월의식 뿐이다. 독일인들의 우월의식 역시 2차 세계대전에서 다른 사람들을 업신여겨 수많은 사람들의 목숨을 빼앗는 결과를 야기했다. 일제의 엘리트교육이 낳은 것은 무엇인가? 아시아주변국을 괴롭히는 결과 뿐 아니라, 자국의 많은 사람들을 우울의 늪지대로 내모는 결과를 낳았다. 우리나라의 수많은 특목고와 우월의식을 강조하는 교육은 틀림없이 그 결과가 좋지 않을 것이다. 우리 아이들이 하나님을 사랑하고, 이웃을 사랑하는 사람이 되었으면 한다.

1875년, 독일의 알사스 지방에서 목사의 아들로 태어난 슈바이처는 그의 21살 때 이런 결심을 했다고 전해진다.

'나 자신만의 행복을 위해서 살아서는 안 된다. 남에게 베푸는 인생을 살자. 그러기 위해 30살까지는 학문과 예술을 위해 살고, 그 이후에는 인류를 위해서 살자.'

이 결심을 실천에 옮기기 위해, 그는 열심히 공부했다.

그러던 어느 날 기숙사 책상 위에 놓인 잡지 한 권을 보게 되었는데, 거기에는 아프리카사람들의 비참한 생활이 그려져 있었다.

"이곳에는 의사가 없습니다. 약도 없습니다. 의사이신 분은 와 주

십시오."

그의 나이 29살 때의 일이다. 이 글을 본 슈바이처는 의사가 되어 아프리카사람들 위해 일생을 바쳐야겠다고 생각했다. 그의 결심에 많은 사람들이 "그곳은 사람이 살기 어려운 곳이다. 너는 견디지 못할 거야."라고 반대했다.

24살 때 이미 철학 박사가 되어 스트라스부르에서 대학 교수로 봉직하고 있던 슈바이처는 많은 반대에도 불구하고, 의학부 학생으로 다시 입학하여 36살 때 의학 박사가 되었다. 파리에서 1년을 더 공부한 뒤, 아프리카 가봉의 오고웨이 강가의 랑바레네라는 곳에 병원을 세웠다. 1965년 90세의 나이로 세상을 떠날 때까지 하나님의 뜻에 따라 아프리카 병자들을 위해 헌신했다.

유명한 오르간 연주자요, 신학자요, 의사였던 슈바이처는 자신이 누리는 행복을 다른 사람들과 나누고 싶어 했다. 아파도 돌봐주는 사람 없는 아프리카 가봉의 불쌍한 사람들을 사랑하며 살았다. 그런 헌신은 동정심에서 우러난 것이 아니라, 하나님의 사랑에 대한 응답이었다. 하나님의 사랑으로 행복해진 슈바이처는 다른 사람들도 자신이 누리는 행복을 맛보게 되길 원했다. 그 소원, 그 마음이 사랑과 헌신의 삶을 살게 했다. 1952년 그에게 수여된 노벨 평화상은 한평생 사랑과 헌신으로 살았던 그의 삶에 대한 존경의 표시였다.

슈바이처와 관련된 많은 일화가 있는데, 그 중의 하나를 소개하겠다. 노벨상 시상식에 참석하기 위하여 아프리카를 떠나 파리를 경유한다는 소식이 전해지자 그가 탄 기차에 수많은 기자들이 몰려들었다. 기자들은 슈바이처를 찾기 위해 특등실로 몰려갔으나 찾지 못했

다. 다시 일등칸으로 가서 찾아보았으나 거기에도 없었다. 이등칸에
도 없자 많은 기자들이 돌아가 버렸다. 영국 기자 한 사람이 혹시나
하고 3등 칸을 기웃거리다가 거기서 슈바이처 박사를 찾아냈다. 퀴
퀴한 악취가 나는 3등 칸 한 구석에서 슈바이처 박사는 가난한 사람
들을 치료해주고 있었다. 놀란 기자가 그에게 특등실로 옮길 것을
권했으나 슈바이처 박사는 들은 척도 하지 않았다.

"선생님, 어쩌자고 이렇게 냄새나고, 불편한 곳에서 고생하며 가
십니까?"

슈바이처 박사는 땀이 난 이마를 닦으며 대답했다.

"저는 편안한 곳을 찾아다니는 게 아니라, 저의 도움을 필요로 하
는 곳을 찾아다닙니다. 특실의 사람들은 저를 필요로 하지 않습니
다."

무엇이 슈바이처를 사랑의 사람이 되게 했을까? 하나님의 사랑이
그를 변화시킨 것이다. 이 사랑의 삶을 사는 것, 이것이 내가 학생들
에게 기대하는 것이다.

27

나라 사랑하는 사람

스웨덴의 존경받는 부자 발렌베리 가문에서는 자녀들을 해군장
교로 군복무를 시킨다. 험한 파도와 싸우면서 위기의 순간에 대처하
는 능력과 호연지기를 기르기 위함이다. 험한 바다에 휩쓸리지 않는
정신력과 지도력을 배워 회사경영에 적용케 하려는 조상들의 지도
방침에 따라 발렌베리가 자녀들은 해군장교로 입대하여 군복무를
한다.

가정마다 자녀들을 교육하는 부모의 철학이 있을 것이다. 학교도
각기 독특한 교육철학이 있고, 강조하는 덕목이 있다. 우리는 조국
을 사랑하는 사람을 기르고자 한다. 이 덕목은 우리 학교에서 '하나
님 사랑' 다음으로 중요한 가치이다.

나는 국적이 있는 교육을 시켜야 한다는 신념을 가지고 있다. 우
리는 한반도에서 태어나 한국 국민으로 살아가고 있고, 한국어를 사

용한다. 한국 사람은 조국, 대한민국과 국민을 사랑해야 한다. 이런 교육철학은 교과목에 영향을 주어, 재량활동에 국토종주 프로그램이 있다. 국토종주는 중학생들을 위한 프로그램으로, 중학교 3년 과정동안 우리나라 이곳저곳을 걸어서 다니게 하여 나라 사랑하는 마음을 갖게 한다.

개교하던 첫 해 제주도로 국토종주를 떠났다. 제주도를 걸어서 한 바퀴 돌고, 마지막 날에는 한라산을 등정했다. 제주도 종주를 첫 출발점으로 한 이 프로그램은 6년을 기준으로 순환되는데, 첫 해 제주도종주는 경제적인 어려움 속에서도 차질 없이 진행되었다. 돈도 없는데 생색내려고 그런다는 비난을 들었지만, 원래 기획했던 대로 재학생 모두 제주도로 향했다. 많은 어려움이 있었다. 지도를 보고 거리와 시간을 예측하고 출발했으나, 일정은 계획대로 진행되지 않았다. 여기 제주도종주에 참가했던 한 학생의 글을 본인의 동의하에 실었다.

"학교가 시작한지 얼마 안 되서, 서로 친하지 않을 때, 우리는 제주도 걷기 여행을 떠났습니다. 사실 제 친구들은 제주도에서 국토순례를 시작한다는 사실에 많은 불만이 있었습니다. 왜 우리가 그런 고생을 사서 해야 하는 지에 대해서 몇몇 아이들은 불평하면서 학교에 대한 욕을 했습니다.

출발하는 첫날에는 이런 불만을 다 잊어버리고 비행기를 탄다는 기대감에 들떠 제주도로 향했습니다. 들뜬 기분은 제주공항에 도착하여 곧바로 가라앉았습니다. 우리의 짐을 옮겨줄 렌트카를 기다렸으나 차가 오지 않으면서 다시 입이 튀어 나오기 시작했습니다. 길가에 앉아서 기다리는 동안 선생님

땅끝에선 아이들 또오겠습니다

들은 우리 짐을 실을 다른 차를 구하느라 분주히 움직였고, 곧 트럭이 한 대 도착했습니다. 그 차에 짐을 싣고, 우리는 목적지를 향해 걷기 시작했습니다. 공항에서 나가는 처음 길에서 우리는 목적지와는 반대로 걷기 시작했습니다. 한 오 분쯤 걸었을까, 체육 선생님은 이 길이 아니라는 것을 알았고 우리는 다시 반대방향을 향해 걸어야 했습니다. 걷고, 걷고, 또 걷고… 인도로 걷다가 길이 없을 땐 아스팔트 위를 걷다가 힘들 땐 모두가 서로서로를 도와주며 걸었습니다. 친하지 않았던 아이들이 조금씩 서로에게 말을 걸기 시작했습니다. 조금씩 친해지기 시작했습니다. 걷다가 쉬는 시간이 되면 쉴 때는 아스팔트 도로 위에서 신발을 벗고, 양말을 벗고, 도로 옆 울타리에 발을 올려놓고 다 같이 누워서 쉬었습니다. 힘들었지만 앉아서 서로를 보며 웃기도 했습니다. 쉬었다 출발하고, 쉬었다 다시 출발하고…

이렇게 몇 번을 지나면서 문제가 생겼습니다. 아이들마다 걷는 속도가 달라 격차가 생긴 것입니다. 저는 선두에 속해있었는데, 선두 그룹이 쉬기 시작한 지 15분정도 지나야 아이들이 다 도착하였습니다. 뒤처진 사람들이 쉴 수 있도록 배려하다보니 자연히 쉬는 시간이 길어지게 되었고, 뒤처진 아이들은 많이 쉴 수 없었습니다.

첫날 걷기로 한 거리는 약 15km정도였습니다. 그러나 이것이 잘못된 계산이란 것을 우리는 걸으면서 깨달았습니다. 지도상으로 계산했던 거리는 실제 거리로는 15km가 아니었습니다. 나중에 들은 바지만 우리는 그날 62km를 걸었습니다. 계속해서 걸었으나 목적지는 나오지 않았습니다. 가도 가도 끝이 없는 길이었습니다. 저는 첫 날 11시간을 걸었는데 대부분의 학생들은 무려 13시간을 걸었습니다. 정말 힘든 하루였습니다.

제주도에서만 느낄 수 있는 정취가 있었습니다. 향기를 토해내는 봄꽃 내음

27. 나라 사랑하는 사람

이 가득한 제주도 종주는 좋은 추억이었습니다. 국토 순례를 하고나서 저는 인생에서 가장 값진 것을 얻었습니다. 힘들 때 나를 도와주고 돌아보아주는 형, 누나, 동생들이 소중하다는 것을 알게 되었습니다. 힘이 들더라도 불평하지 않는 마음, 그리고 양보하는 마음도 갖게 되었습니다. 특별히 우리나라가 아름답다는 생각을 하게 되었습니다. 미국, 일본, 캄보디아, 필리핀 등 여러 나라를 여행해보았지만 제주도도 결코 뒤지지 않는 아름다움이 있었습니다."

국토종주는 쉽지 않은 여정이다. 단기간에 제주도를 출발지로 삼아 판문점까지 걷는 긴 장정은 아니지만, 일주일 단위로 한 지역을 걷는다. 걷는 동안 많은 일이 발생한다. 학생들이 힘들어서 일어나는 에피소드도 많고, 교사들의 착오에 의해 발생하는 어려움도 있다. 그런 모든 과정을 통해 서로 성장하는 것이 국토종주에서 얻는 성과물이다.

산행을 하거나 종주를 할 때 소중한 것은 사람이다. 말을 걸어 격려해주기도 하고, 미끄러져 넘어질 때 도와주는 이도 사람이다. 평소에는 사람의 중요성을 잘 모르고, 혼자 사는 것처럼 착각하며 살 때가 많은데, 세상은 혼자 살 수 없다는 것을 걷기를 통해 배우게 된다. 끝없이 걸어야 하는 도상에서 학생들은 서로 협력하게 되고, 동료의식을 갖게 된다. 함께 가는 위드쉽(Withship)이 길러지는 것이다. 혼자 가면 빨리 갈 수도 있지만, 늦게 가더라도 함께 가는 것이 더 행복하다는 것을 배우게 된다. 제주도종주는 한라산을 오르는 일정으로 끝났는데 한 명의 낙오자도 없이 함께 정상에 올랐다. 잘 걷는 사람도 있고, 못 걷는 사람도 있었지만 우리는 모두 함께 갔다.

지리산 종주는 학생들의 추억에 길이 남아 있는 걷기였다. 제주도와는 달리, 높은 산을 오르내리는 걷기인데다가 등짐을 지고 가는 산행이어서 더 많은 동료애를 요구했다. 학생들은 서로 짐을 들어주기도 하고, 함께 격려하며 마지막까지 동행했는데 산행하는 아이들은 서로 돕고, 사랑했다. 3일간 씻을 수 없는 상황은 아마 도시에 살고 있는 우리 아이들에게는 너무 낯선 환경이었을 것이다. 화장실 역시 불편했다. 뿐만 아니라, 잠자리도 좋지 않아서 아파트문화에 익숙했던 우리 아이들은 여러 가지로 힘겨운 여정이었다.

그래서인지 졸업생들에게 물어보면 지리산종주가 가장 기억에 남는다고 한다. 어떤 졸업기수는 그 옛날을 추억하며 졸업생들끼리 다시 지리산 종주계획을 세우고 있다. 그만큼 학생들의 뇌리에 깊이 박힌 여행이다.

진도, 강화도, 설악산, 서해걷기, 휴전선 걷기 같은 프로그램이 순환된다. 이 외에 독특한 프로그램이 하나 더 있다. 이순신 장군 유적지 답사다. 개인적으로 이순신 장군의 애국심이 우리 아이들의 가슴에도 살아있기를 기대하기에 만든 특별 프로그램인데 운영상 어려움도 있다. 처음에는 요트를 타고 가려고 했는데, 엄청난 비용 때문에 포기했다. 부산에서 진도까지 남해안을 따라 진행하는 이 프로그램은 다양한 영상자료와 함께 운영되는데 배타기와 걷기가 섞여 있다. 이순신 장군의 기상과 나라 사랑하는 마음이 우리 학생들의 마음속 깊은 곳에 새겨지기를 기대하여 만든 교육과정이다.

국토종주를 통해 배운 나라 사랑은 책상에서 글자를 통해 배운 것과는 다르다. 또 서로에 대한 사랑도 학교 교실 안에서 느끼는 것과는 다르다. 함께 걷다보면 출발할 때의 불평과 서먹함은 없어지고, 진한 동료애를 갖고 돌아오게 된다.

기성세대의 어른들은 성장하는 아이들이 애국심도 없는 아이들로 자라는 것은 아닌지 걱정하는 것 같다. 확실히 전쟁을 경험한 세대와는 다른 국가관을 갖고 있는 것은 분명하다. 그렇다고 그들에게 애국심이 없는 것은 아니다. 그들도 나라를 사랑하고, 이 땅에 살고 있는 사람들에 대해 애틋한 마음을 갖고 있다. 중요한 것은 어른들이 그런 염려를 구체적인 교육 프로그램으로 만들어내는 것이다. 걱정만 하고 있는 것이 아니라, 우리가 기대하는 사람을 기르려는 구체적인 의도를 교과과정 속에 넣어야 한다. 지필고사만 잘 보면 인정받는 제도를 버리고, 한 개인의 인성과 다양한 경험을 평가하면 얼마든지 기대하는 다음 세대를 만들어낼 수 있다.

어떤 전쟁영화를 보는데 부대장이 베트남을 향해 떠나는 부대원들에게 연설하는 장면이 매우 감동적이었다.

"우리는 모두 함께 돌아올 것입니다. 살아서 돌아오거나 죽더라도 결코 여러분을 홀로 버려두고 돌아오지는 않을 것입니다. 우리는 함께 돌아옵니다!"

나는 국가가 국민을 사랑하여 백성 한 사람이라도 끝까지 책임지는 태도를 보이는 것이 중요하다고 생각한다. 국가가 국민을 끝까지 포기하지 않는 나라, 우리가 서로를 끝까지 포기하지 않는 나라가 되었으면 좋겠다. 그런 감동이 있는 나라를 꿈꾸고 있다.

28

착한 여행

고등학생이 되면 착한 여행을 다녀온다. 착한 여행은 여행을 의미 있게 하자는 취지에서 붙여진 이름이다. 이 여행은 두 가지 의도를 모두 만족시켜주는 방향으로 진행되는데 세계 여러 나라를 여행하면서 뭔가 배우자는 것과 어렵고 힘든 사람들을 돕자는 것이다.

우리 학생들이 처음 찾아간 곳은 캄보디아였다. 똔레삽호수 주변에 있는 수상가옥주민들을 돕기 위해 씨엠립으로 갔다. 그곳은 앙코르와트라는 유명한 유적지도 있어서 우리가 의도한 두 가지 목적을 충족시키기에 적합했다.

마침 내가 이사로 있는 다일공동체가 그곳에 지부를 갖고 있어서 그 센터를 중심으로 봉사했다. 씨엠립은 세계적인 관광지이기도 해서 낮에는 열심히 봉사하고, 저녁에는 호텔로 돌아와 학교가 의도한 프로그램을 진행할 수 있는 장점이 있었다.

우리 학생들은 세 그룹으로 나뉘어져서 봉사했다. 수상가옥을 짓는 일, 찾아온 아이들을 씻기고 밥을 먹이는 일, 그리고 가지고 간 옷과 신발을 꺼내 나눠주었다. 수상가옥을 짓는 일은 전문가와 역할을 분담했는데 전문가는 기둥을 세워주고, 우리는 집을 지어 페인트를 칠했다. 집 한 채를 짓는 데는 오랜 시간이 필요하지 않았다. 한 이틀 만에 집 한 채를 지어 주인에게 건네 드렸는데 이 일은 학생들에게 성취감을 선물해주었다.

아이들을 씻기고, 밥을 먹이는 일은 매일 반복되고 있었다. 일찍 온 아이들을 중심으로 머리를 감겨주고, 수건으로 닦아주는 데 여러 그룹으로 나눠 역할을 분담했다. 펌프로 물을 퍼 올리는 사람들, 머리를 물로 적셔 샴푸를 칠해주는 사람들, 감겨주는 사람, 그리고 수건으로 머리를 말린 후 간단한 선물을 나눠주는 사람들로 나뉘어져 봉사했다. 이 일은 생각보다 간단치 않았다. 꽤 오랫동안 머리를 감지 않은 아이들이 많아서 씻어주는 일은 더디 진행되었다.

씻긴 후 아이들을 식당으로 인도했다. 아이들을 식당에 쪼그려 앉게 한 후, 한 명씩 앞으로 나오게 했다. 배식담당자들이 식판에 밥을 떠주면, 마지막 주자가 바닥에 무릎을 꿇고 앉아서 식판을 아이에게 건네주었다. 어린 동생을 안고 온 경우 혼자서 두 그릇의 식판을 들고 가기 어렵다. 그때는 기다리고 있던 봉사자가 대신 들고 식탁까지 안내했다. 두 시간 정도 배식을 하면 식사가 끝났다. 식사를 마치고 돌아가는 아이들 손에 아프거나 다른 사정으로 오지 못한 결식 아동들을 위해 빵을 챙겨 보낸다. 밥을 먹으러 온 모든 아이들이 돌아가고 나면 식당을 청소한 뒤 봉사자들이 식사를 했다.

땅끝에선 아이를 또 오겠습니다

그곳 센터에서는 아이들에게 밥만 먹이는 것이 아니라. 유치원도 운영하고 노래와 춤도 가르치고 있었는데 점심을 먹은 다음 우리 학생들이 준비한 공연을 했다. 우리 아이들의 공연이 끝나자 보답하는 차원에서 그곳 아이들도 노래하고 춤을 추었다. 신발도 채 신지 못하고, 옷도 제대로 입지 못한 아이들이 CCM을 몇 곡 부르자 낯설었던 아이들이 곧 친숙하게 느껴졌다. 격려의 박수가 쏟아지자 캄보디아 어린이들은 한국말로 '오빠생각'을 부르기 시작했다. 최순애라는 사람이 12살 때 지은 시에 박태준 씨가 곡을 만들어 붙여 우리에게 널리 알려진 동요다.

뜸북뜸북 뜸북새 논에서 울고
뻐꾹 뻐꾹 뻐꾹새 숲에서 울 때
우리오빠 말 타고 서울 가시며
비단구두 사가지고 오신다더니

기럭기럭 기러기 북에서 오고
귀뚤귀뚤 귀뚜라미 슬피 울건만
서울 가신 오빠는 소식도 없고
나뭇잎만 우수수 떨어집니다.

돈을 벌기 위해 서울에 간 오빠, 약속한 선물을 간절히 고대하는 여동생의 마음이 잘 나타나 있는 노래다. 이 노래는 1925년에 만들어진 시대적 아픔이 묻어있는 노래이기도 했다. 나라를 구하러 조국

을 떠난 애국자(오빠)를 기다리는 구한말 민족(여동생)의 기다림이 절
실하게 배어 있는 노래다. 캄보디아 어린이들이 부르는 노래를 들으
면서 이 아이들에게도 '서울 간 오빠'는 있는 것일까, 그 오빠는 정
말 '비단 구두'를 사가지고 올까 하는 생각에 이르자 하염없이 눈물
이 났다.

맨 바닥에서 신발도 신지 못한 아이들이 부르는 노래에 감동되어
앵콜을 청했다. 자세를 가다듬은 아이들이 다시 노래하기 시작했는
데 뜻밖에 '거위의 꿈'을 불렀다.

난 난 꿈이 있었죠
버려지고 찢겨 남루하여도
내 가슴 깊숙이 보물과 같이
간직했던 꿈

혹 때론 누군가가 뜻 모를 비웃음
내 등 뒤에 흘릴 때도
난 참아야 했죠. 참을 수 있었죠
그 날을 위해

늘 걱정하듯 말하죠
헛된 꿈은 독이라고
세상은 끝이 정해진 책처럼
이미 돌이킬 수 없는

현실이라고

그래요 난, 난 꿈이 있어요
그 꿈을 믿어요
나를 지켜봐요
저 차갑게 서있는 운명이란 벽 앞에
당당히 마주칠 수 있어요

언젠가 나 그 벽을 넘고서
저 하늘을 높이 날을 수 있어요
이 무거운 세상도 나를 묶을 순 없죠
내 삶의 끝에서
나 웃을 그 날을 함께 해요

버려지고 찢겨 남루한 아이들이 꿈이 있다고 노래하고 있었을 때 거기 있던 어른들은 모두 울었다. 세상은 끝이 정해진 책처럼 이미 돌이킬 수 없는 현실이라고 말하지만 당당히 운명이란 벽 앞에 마주 치겠다고 노래하는 이 아이들을 바라보면서 한없이 흐르는 눈물을 주체할 수가 없었다. 저 불쌍한 아이들도 우리가 그랬던 것처럼 벽을 넘고 하늘 높이 날아오르기를 축복하며 그곳을 떠나왔다.

우리 학교 아이들이 '함께 가는 사람'으로 컸으면 참 좋겠다. 옆집 아이들과도 함께 행복하게 살아가는 아이들이 되면 좋겠다. 아시아와 아프리카, 그리고 세계 곳곳에 살고 있는 다른 아이들과 다정하게 손잡고 살아갔으면 좋겠다.

　최근 신자본주의의 폐해에 대한 이야기가 많이 소개되고 있다. 상위 1%에 해당하는 사람들의 탐욕에 대한 지적이 설득력을 얻어 가고 있다. 세계는 금융위기로 사망의 음침한 골짜기를 지나가는데 그런 일을 일으킨 장본인들은 1억 불 이상의 연봉을 챙겨가는 이 우스꽝스런 사회현상에 대한 질타가 쏟아지고 있다. 이런 세상에 변화가 생겼으면 좋겠다. 경제적으로 넉넉한 사람은 더 넉넉해지고, 못사는 사람은 더 못살게 되는 세상이 아니라, 더불어 잘 사는 세상이 되기를 소망해본다. 1등만 살아남는 세상이 되면 곤란하지 않겠는가? 다양한 사람들이 저마다 능력을 발휘하여 공존하는 세상, 있는 사람과 없는 사람이 서로 배려하고 도와주는 아름다운 세상을 우리가 만들 수 있었으면 좋겠다.
　유전공학을 전공한 친구가 있었다. 유전공학적 기술이 발전하면 인류의 기아문제를 해결할 수 있을 것이라 생각하여 공부한 친구였다. 졸업 후 사회생활을 한참 한 다음 그가 한 말은 이랬다.

　"세상에는 사람들이 먹기에 충분한 양의 식량이 이미 있더라. 문제는 인간의 탐욕이었어. 인간의 탐욕이 더 가지겠다, 더 먹겠다 하여 기아문제에 봉착한 것이지 식량이 부족해서 이렇게 된 것은 아니란 걸 알게 되었어."

　나눠 먹어야 한다. 혼자 먹어서는 결코 행복할 수 없다. 나눠 먹어야 행복하다. 우리나라 사람들과도 나눠 먹고, 다른 나라 사람들과도 나눠 먹어야 한다. 함께 잘 사는 세상, 우리가 건설해야 할 세상이다. 함께 건설할 좋은 세상을 위하여 나는 학생들과 비전을 공유한다. 생각을 나누고, 꿈을 나누고, 구체적인 방안을 설계한다. 이 일이 미래 언젠가 올 것이라고 생각하지 않고, 지금 여기서 할 수 있는 일부터 시작한다. 그것이 우리 학교가 갖고 있는 실천력이다.

표현력이 실력이라고 믿는다. 지식은 암기에 있는 것이 아니라, 삶의 구체적인 현장에서 나타나는 표현력에 달려 있다. 우리 학생들이 지금, 여기서 그들의 사랑을 잘 표현하며 살았으면 좋겠다. 학교를 졸업하고, 좋은 회사에 취직한 다음 저축을 해서 남을 돕는 것이 아니라, 지금 학생신분에서 할 수 있는 것부터 시작하는 것이다. 그런 생활이 습관이 된 학생을 만들어 세상으로 내보내려고 한다. 학생 한 명 한 명이 좋은 누룩이 되어 어렵고 힘들게 사는 사람들에게 '나눔'을 실천하며 하나님 나라를 지금, 이곳에 세워가기를 기대한다.

29
·········
우리 함께 가자

　'글로벌 리더'를 기르겠다는 학교를 만나는 것은 그리 어려운 일이 아니다. 상당히 많은 학교에서 탁월한 지도자를 길러내겠다고 말한다. 그런 구호를 볼 때마다 느끼는 것이 있는데 그럼 누가 추종자가 되는가라는 의문이다. 잘난 사람이 지도자가 되어 세상을 더 밝게 해주면 감사한 일이지만 과연 그렇게 많은 사람이 잘 날 수 있는가 하는 의구심도 갖게 된다.

　학교에서 '리더'를 말할 때, 혹시 좋은 대학 나와서 좋은 직장을 잡아 월급 많이 받는 위치에 있는 사람을 지칭하는 것이라면 그것은 문제가 있는 구호라는 생각이 든다. 리더는 좋은 학교를 졸업해서 다른 사람 위에 군림하는 존재가 아니라, 다른 사람의 눈물을 닦아줄 수 있는 사람이어야 한다고 믿는다.

　어려운 처지에 있는 사람들의 눈물을 닦아주고 그들과 함께 탄 배

안에서 공존하려면 그들의 처지를 이해할 수 있어야 하고, 그들의 고통과 슬픔을 공감할 수 있어야 한다. 다른 사람의 처지를 이해하고 공감하는 능력이 있을 때 그를 좋은 지도자라 할 수 있기 때문이다.

우리 사회에서는 많은 지도자들이 공감하기보다는 "나를 따르라"고 외친다. 그를 따르지 않는 사람은 나쁜 사람이고, 잘못되었다고 정죄한다. 그러다보니 소통은 되지 않고, 소통의 부재는 또 다른 문제를 일으킨다. 분열된 사회를 만들어가는 핵심적 이유가 지도자들의 공감력 결여에 있다는 게 내 생각이다.

이 시대는 "나를 따르라"고 외치는 탁월한 지도자보다는 다른 사람들의 아픔과 고통을 공감하는 공공의식(public mind)을 가진 지도자를 갈망하고 있다. 함께 가는 지도력(withship)을 가진 사람들을 간절히 원하고 있다.

성경에는 유명한 선한 사마리아인 비유가 나온다. 어떤 사람이 예루살렘에서 여리고로 가다가 강도를 만났다. 당시 지도층에 있었던 제사장, 레위인이 차례로 지나갔지만 상처입고 버려져 있는 행려자를 돌봐주지 않았다. 자신들이 해야 할 일이 있고, 가야 할 길이 있었기 때문이었다. 그런데 당시 사람 취급을 받지 못하던 사마리아 사람이 그를 병원에 데려다주고, 치료비도 부담해주었다.

이 비유는 우리에게 많은 것을 생각하게 만든다. 자신의 업무나 성취를 위해 제 길을 갔던 제사장, 레위인과는 달리 사마리아 사람은 쓰러진 사람을 돌봐주었다. 그런 공공의식 혹은 위드쉽(withship)이 필요한 세상이다.

다일공동체에서 식사를 준비할 공간을 마련하기 위해 돈이 필요하다고 하여 어떤 기업인에게 도움을 부탁한 적이 있었다. 그 때 그분은 한 마디로 거절했다.

"젊은 시절 방탕하고 타락하여 제 멋대로 산 인간들을 위해 내가 왜 그 소중한 돈을 내야 하는가?"

틀린 말은 아니었다. 나이 들어 행려자가 되어 길거리를 헤매는 사람이라면 젊은 시절을 방탕하게 보냈을 가능성이 많다. 그렇기 때문에 그 결과에 대한 책임도 철저하게 개인이 져야 한다고 말해도 달리 할 말은 없다.

그러나 이 사회에서 내가 잘 살게 된 데는 저 분들의 도움도 있었을 것이라 여기고, 따뜻한 밥 한 그릇이라도 대접한다면 그것은 참 아름다운 공공의식일 것이다.

이런 상황을 학교현장에 적용해볼 수 있다. 공부를 못하는 녀석들은 그 소중한 시간에 집중하지 않고 딴짓하며 지냈기 때문일 것이다. 공부를 잘 하는 아이는 자신이 열심히 노력한 결과이고, 공부를 못하는 것은 그 녀석의 게으름 때문이다. 그런데 만약 그 공부 못하는 녀석들이 우리 반에 없었다면 혼자 1등을 할 수 있었을까? 역설적이지만 반에서 1등을 할 수 있는 것은 그 반에 있는 수많은 다른 학생들 덕분이다. 다수의 아이들이 같이 있어준 덕분에 1등을 할 수 있었고, 그 친구들 덕분에 1등이 빛날 수 있게 된 것이다.

사도 바울은 고린도전서 15장 10절에서 "그러나 나의 나 된 것은 하나님의 은혜로 된 것이니 내게 주신 그의 은혜가 헛되지 아니하여 내가 모든 사도보다 더 많이 수고하였으나 내가 아니요 오직 나와

땅끝에선 아이들 노오셨습니다

한께하신 하나님의 은혜로라."라고 고백하였다. 바울은 나의 나 된 것이 하나님의 은혜덕분이라고 했다. 자신의 능력이나 노력 덕분이 아니라, 하나님이 주신 선물이라는 고백이다. 능력도, 성공할 수 있었던 기회도 은혜라고 고백했다.

바울의 이 고백에 많은 사람들이 공감할 것이라 믿는다. 우리가 누리고 있는 모든 혜택들이 노력과 분투한 덕분이라기보다는 은혜 덕분이다. 우리가 얻은 것에 대하여 그러한 고백을 할 수 있다면 고통당하는 사람들, 소외된 이웃들을 위해 우리가 가진 것을 나눠 갖는 것은 또 하나의 기쁨이 될 것이다.

복지에 대한 논쟁이 한창이다. 시혜적 복지냐, 보편적 복지냐 하는 전문적 개념을 가지고 논의하지 않더라도 일자리를 얻은 사람과 얻지 못한 사람 사이의 격차가 심각하게 벌어지는 현상은 사회 전반에 있어 그리 좋은 일은 아닌 것 같다. 가진 사람과 가지지 못한 사람 간의 간격이 지나치게 벌어지는 것은 아무래도 문제가 있어 보인다.

능력 있는 사람이 회사를 차려 돈을 많이 버는 것은 자본주의 사회에서 당연한 일이고, 돈을 많이 번 사람이 세금을 많이 내는 것도 자연스러운 일이다.

그런데 일자리를 얻지 못한 젊은이들이 점점 늘어나는 현상은 개인적인 책임의 문제로만 치부하기에는 사회구조적인 문제가 있어 보인다. 재능의 계발과 배치라는 이슈를 전적으로 개인적인 것으로 국한시킨다면 이는 국가의 역량을 과소평가하는 게 아닌가 싶다. 국가는 이 땅에서 태어나 성장하는 젊은이들을 교육하여 효율적으로 배치할 책무를 안고 있다.

꿈같은 이야기지만 나는 우리 사회가 성장하는 젊은이들을 위해 새로운 패러다임의 세상을 준비해야 한다고 생각한다. 치열한 경쟁 사회가 아닌 경쟁과 정의로운 분배가 공존하는 사회를 만들어야 한다. 이를 실현하려면 근본적인 사고의 전환이 필요하다. 경쟁에서 살아남으면 대접을 받고 그렇지 못하면 대접받을 수 없는 세상이 아닌 누구나 저마다의 능력을 발휘하며 살 수 있는 세상을 만들어야 한다.

여행을 하다보면 이제는 시골 몇 사람 살지 않는 골짜기까지 도로 포장이 잘 되어 있음을 볼 수 있다. 사회 간접자본이라 불리는 인프라 구축은 어느 정도 된 것 같은 느낌이다. 이제 우리가 해야 할 것은 사람에 대한 관심과 투자가 아닌가 싶다. 다음 세대의 젊은이들이 저마다 자기 인생을 행복하게 살아가면서 사회에 공헌할 수 있는 시스템을 만드는 것이다.

지금처럼 모든 학생이 대학에 가야 좋은 직장을 잡고 좋은 월급을 받는 사회가 아닌 모든 사람들이 자기가 하고 싶은 일을 하면서도 행복하게 살아갈 수 있는 사회적 기반을 구축하는 것이다. 독일이나 핀란드 같은 경우는 이미 우리에게 좋은 모델이 되고 있다. 교육 하나만을 생각하는 것이 아니라, 학생의 능력과 학업, 소득과 분배가 하나로 엮어지는 구조적인 변화가 필요한 시점이라 생각된다.

강남에 있는 한 토목회사에서 신입사원들을 교육했었다. 회사에

땅끝에선 아이들 또오겠습니다

서는 광고를 하고 뽑은 신입사원을 교육하여 실무에 투입했다. 그런데 한 1년이 지나고 나면 대부분의 신입사원이 퇴사해버린다. 취업이 되었을 때는 직장을 얻었다는 기쁨에 열심히 다니지만, 막상 실무에 들어가서는 자기 적성에 맞지 않다고 여겨 그만 둔다는 것이다. 이런 현상이 이 회사만의 문제가 아닐 것이란 생각을 했다. 기업도 손해고, 개인도 힘든 일이다. 아마 통계를 잡아보면 상당히 많은 젊은이들이 이와 같은 현실에서 벗어나지 못하고 있을 것이다.

문제는 교육에 그 원인이 있다. 본인의 흥미와 재능은 제쳐 두고 점수를 따라 전공을 선택했다. 대학에서 공부를 마치고 취업했으나 막상 회사를 다녀보니 이 일이 자신과 맞지 않는다는 것을 깨닫는다. 큰 고민 없이 회사를 그만둔다. 다시 직장을 잡을 수 있으면 다행이지만 그렇지 않으면 백수가 된다. 이런 악순환이 반복되면 사회적 비용이 너무 많이 들어 누구에게도 도움이 되지 않을 것이다.

그뿐 아니라, 사회생활을 시작하는 젊은이들은 높은 연봉을 기대한다. 그 연봉에 알맞은 능력을 갖췄느냐 하면 그렇지도 못한 경우가 많다. 자신의 능력은 모르고, 눈만 높아져서 월급이 적은 직장은 우습게 여긴다. 공부하면서 스펙을 쌓느라 들인 본전도 생각한다. 회사는 취업자들의 스펙에는 관심도 없는데, 당사자들은 거기에 들인 비용을 생각하며 월급이 적은 직장은 거들떠보지도 않는다.

이제 회사는 스펙보다 스토리, 성실성이나 책임감, 그리고 일을 얼마나 잘 해내는가 하는 점을 눈여겨 본다. 이런 상황에서 회사에 필요한 사람이 되어야 하는데 취업 예비생들은 그 기대에 부응하지 않는다.

점점 정규직 일자리를 찾기가 어려워지고 있다. 모든 사람이 저마다 행복한 삶을 살아갈 수 있는 사회적 토대가 만들어져 있지 못해 살아남는 사람은 다행이고, 도태되는 청년들은 절망한다. 과연 우리는 이런 세상을 우리 아이들에게 물려주어야 하는 것일까? 모든 아이들이 다함께 행복하게 사는 세상을 물려줄 수는 없을까?

"현대의 모든 문제는 경제문제요, 경제의 문제는 분배의 문제이며, 분배의 문제는 도덕의 문제요, 도덕의 문제는 종교의 문제이다."라는 말이 있다.

우리는 지난 몇 년 동안 정의와 공정에 대해 많은 이야기를 나눴다. 경제는 성장의 문제인 동시에 분배의 문제라는 것에 동의하면서 어떻게 하면 더 공정한 사회를 만들 것인가에 대해 고민했다. 그러나 시원한 답을 얻지는 못했다. 왜냐하면 이는 결국 종교의 문제이기 때문이다.

여기서 '종교'의 문제라 할 때 그 말의 의미는 불교냐, 이슬람이냐, 기독교냐의 문제는 아닐 것이다. 스코트 팩은 "종교란 인생이 도대체 어떤 것인가에 대한 이해의 폭과 그 세련됨"이라 정의했다. 이는 보다 더 나은 단계로의 발전과 성장을 지칭하는 개념이다. 우리가 보다 더 나은 단계로의 발전을 생각한다면 현재의 상황에 대한 객관적인 진단과 보다 더 나은 세상에 대한 새로운 청사진을 만들어 내야 한다.

자신이 엘리트라 여긴 지도자들이 "나를 따르라"고 외쳐 많은 사람들이 그를 따라갔다. 따라 갔더니 잘 사는 사람은 더 잘 살게 되고, 못사는 사람들은 더 가난해지고 말았다. 그들이 데려간 곳은 보다 나은 세상이 아니라, 보다 나쁜 세상이었다. 더 나쁜 세상으로 백성들을 데리고 가면서 "나를 따르라"고 외친 지도자들에게는 위드쉽이 없었다. 우월의식과 시혜적인 동정만 있었을 뿐 우리 시대, 혹은 능력이 좀 부족한 사람들이 겪고 있는 고통에 대해서는 공감하지 못했다.

그 결과 상당히 많은 사람들이 길가에 쓰러져 있다. 희망적인 내일로 나가는 출구를 찾지 못해 방황하고 있는 것이다.

우리가 살고 있는 이 시대는 "우리 함께 가자"고 외치는 사람을 필요로 하고 있다. 가진 사람과 가지지 못한 사람, 많이 배운 사람과 배우지 못한 사람, 취업을 한 사람과 취직을 아직 못한 사람, 능력이 있는 사람과 능력이 부족한 사람이 함께 잘 살 수 있는 세상을 만들어 내는 지도자를 간절히 찾고 있다.

누군가 한 단계 높은 세상으로 우리 사회를 이끌어 올려야 한다. 그럴 때 우리 아이들은 이 땅에서 저마다 행복한 삶을 살게 될 것이다. 너무 귀한 젊은이들이 내일로 가는 출구를 찾지 못해 자살하는 것을 볼 때 이 땅에 먼저 태어나 나이가 든 사람으로서 매우 가슴이 아프다. 더 많은 선한 사마리아 사람이 필요한 세상이다.

가끔 정치지도자들이나 여론을 주도하는 언론을 바라보면 아쉬운 대목이 많다. 정치인들은 선거철이 되면 자신들에게 표를 달라고 읍소한다. 그들에게 기대를 걸고 표를 주면 우리의 관심과 고민을 해결해주는 선봉에 서는 것이 아니라, 자신들의 정치적 야망을 이루기 위해 우리를 들러리로 만든다. 언론도 자신들이 정한 틀이 있고, 그

틀 속에 우리를 맞추려고 하는 것 같다. 함께 잘 살 수 있는 세상에 대해 외치면 어떤 신문들은 마치 빨갱이들이 외치는 소리인 것처럼 매도한다. 언제부터 우리 사회가 이렇게 이념적으로 재단되게 되었는지 의아할 뿐이다.

공산주의가 망한 지 오래 되었다. 북한을 어떻게 다룰 것인가 하는 문제는 우리가 함께 머리를 맞대고 고민해야 할 주제이지 그들 때문에 우리가 갈래갈래 찢어져야 하는 것은 아니다. 그런데 신기하게도 여론을 이끌어가는 사람들은 이분법적으로 가르려고 한다. 참 불행한 일이다.

중요한 것은 세워진 지도자들이 이 땅에 살고 있는 모든 사람이 잘 살 수 있게 노력해야 한다는 것이다. 그 섬김의 정신과 자세를 바로 하지 않으면 다음 세대의 사람들은 사람도 바꿀 것이고, 소통의 매체도 바꿔버릴 것이다. 이미 그런 시대에 진입해 있다.

"인자가 온 것은 섬김을 받으려 함이 아니라 도리어 섬기려 하고 자기 목숨을 많은 사람의 대속물로 주려 함이니라."(막 10:45)는 말씀을 예수님께서 하셨다. 이 땅에서 지도자 노릇하고 있는 많은 분들이 새겨들어야 할 말씀이다. 섬김 받으려는 이들로 인해, 자기 잇속을 챙기려는 이들로 인해 세상은 시끄럽고 어지럽다.

겉으로 좋은 일을 하는 것처럼 광고하고, 떠드는 사람들이 뒤돌아서서는 자기 잇속을 챙기는 것에 많은 사람들이 실망한다. 기꺼이 섬기고, 자기 목숨까지도 바쳐버리는 순전한 삶을 살아가는 것 자체로 보상이라 여길 수는 없는 것일까?

우리 학생들이 예수님의 삶을 재생산해내는 인물들이 되기를 소망한다. 세속 도시 한복판에 살고 있지만, 순전한 하나님의 사람으로 자라기를 기대한다. 저들만의 세상을 만드는 것이 아니라, "함께 가자"고 말할 수 있는 사람이 되기를 바란다. 공공의식을 가진 지도자, 위드쉽을 가진 지도자로 자라서 예수님처럼 사람들의 눈물을 닦아주는 하나님의 아들, 딸이 되기를 꿈꾼다.

30
나는 길가에 버려진 돌

교회를 개척하여 성전을 마련하고 나자, 이제 뿌리를 내릴 수 있게 되었다는 안도감이 들었지만 이 안도감은 또 다른 고민을 하게 만들었다. 어떤 교회를 만들 것인가 하는 고민이 시작된 것이다. 교회는 거기 모인 구성원들이 만들어가는 하나님의 집이다. 이 집이 건물이 아니어서 어떤 공동체가 되어야 하는가 하는 문제는 어렵지 않는 주제 같았는데 간단하지도 않았다.

70년대 한국사회는 경제문제가 핵심이슈였다. '잘 살아보세'로 대표되는 절대빈곤에서 벗어나는 것이 절실해서 교회도 빈곤극복을 위해 동참했다. 프랜시스 후쿠야마는 이 운동의 핵심에 조용기 목사님이 있었다고 주장했다. 조용기 목사님의 '할 수 있다'는 정신이 오늘날 경제적으로 발전한 한국이 있게 했다는 것이다. 일리 있는 주장이지만, 어디 조 목사님 혼자만의 노력이었겠는가? 모든 교회들이

다함께 잘 살 수 있는 터전을 마련하기 위해 불철주야로 노력한 덕분에 잘 살 수 있는 기반이 마련되었다.

80년대에 들어서면서 한국사회는 민주화에 대한 열망을 내뿜었다. 정치는 민주화 되고, 백성이 주인이 되는 세상으로 발전하게 된 것은 얼마나 다행스럽고 고마운 일인지 모른다.

만약 우리도 북한 같은 사회로 치달아 갔으면 얼마나 절망적이었겠는가? 다행스럽게 우리는 민주적인 절차에 의해 지도자를 세울 수 있게 되었고, 백성들이 주인이 되는 세상을 만들었다. 한국 사람들은 정말 위대하다는 생각을 하게 만드는 대목이다.

그렇다면 지금 우리의 고민은 무엇일까? 정의, 공정, 가치, 위로 같은 주제도 고민거리임에 분명하지만 나는 교육과 경제적 소외로 인해 힘겹게 살아가는 이들을 향한 위로가 이 시대를 사는 사람들의 핵심적 고민거리라고 생각한다. 상당히 많은 가정에서 자녀교육문제로 어려움을 겪고 있다. 해외로 유학을 보내기도 하고, 팀을 짜서 공부를 시켜보기도 하지만 속시원한 해결책을 얻은 것은 아니다. 자녀교육으로 인해 눈물을 흘리고 있는 가정이 적지 않다.

이런 상황에서 교회가 해야 할 일은 무엇인지 고민했다. 대답은 목회자마다 다르겠지만 나는 교육문제에 일조해야겠다고 생각했다.

자녀교육문제로 눈물을 흘리는 부모들의 눈물을 닦아드려야겠다고 마음먹었다. 그리고 교우들의 동의를 구했는데 고맙게도 성도들이 이 사역을 할 수 있도록 허락해주어 대안학교를 세우게 되었다.

공교육에서 어려움을 겪고 있는 학생들을 위해 설립한 우리 학교는 짧은 기간 동안 안정적으로 성장했다.

대안학교를 포함한 교회의 여러 사역과 목회가 자리를 잡아가면서 하나님의 은혜에 감사하고 있다.

"건축자의 버린 돌이 집 모퉁이의 머릿돌이 되었나니 이는 여호와의 행하신 것이요 우리 눈에 기이한 바로다." 시 118:22~23

이 본문에 있는 '건축자의 버린 돌'은 전통적으로 예수님을 지칭하는 구절로 이해되었다. 이런 경우 설교자들은 이 말씀을 우리 인간과 관련지어 해석하지 않는다. 이미 예수님을 지칭한다는 이해를 갖고 있기 때문이다. 그런데 이어령 씨가 쓴『어느 무신론자의 기도』라는 시집을 읽으며 감탄했다. 시인이 이 말씀을 자신의 삶과 연결하여 시를 썼고, 설교자들은 시도할 수 없는 시학적 탁월성 덕분이기도 했지만, 꼭 내 이야기 같았다. '길가에 버려진 돌'을 자신으로 해석한 시인의 고백이 내 이야기 같았다.

길가에 버려진 돌

잊혀진 돌
비가 오면 풀보다 먼저 젖는 돌
서리가 내리면 강물보다 먼저 어는 돌

바람 부는 날에는 풀도 얼어서 외치지만
나는 길가에 버려진 돌

조용히 눈 감고 입 다문 돌

가끔 나그네의 발부리에 채여
노여움과 아픔을 주는 돌
걸림돌

그러나 어느 날 나는 보았네
먼 곳에서 온 길손이 지나다 걸음을 멈추고
여기 귓돌이 있다 하셨네
마음이 가난한 자들을 위해 집을 지을
귀한 귓돌이 여기 있다 하셨네

그 길손이 지나고 난 뒤부터
나는 일어섰네
눈을 부릅뜨고
입 열고 일어선 돌이 되었네

아침 해가 뜰 때
제일 먼저 번쩍이는 돌
일어서 외치는 돌이 되었네

나는 중학교를 졸업하고 고등학교 진학을 하지 못했다. 아버지가
일찍 돌아가시고, 가정 형편이 어려웠기에 어부가 되어 돈을 벌어야

했다. 친구들은 모두 공부를 하기 위해 뭍으로 나갔으나 나는 바다 위를 떠다니는 부초처럼 잊혀진 존재였다. 그야말로 길가에 버려진 돌이었다. "눈 감고 입 다문 돌"일 수밖에 없는 운명이었다. 내성적이어서도 그랬지만, 누구 앞에 나서서 자신 있게 말 할 수 있는 상황이 아니었다. 그야말로 버려진 돌이었다.

그런데 어느 날 지나가던 귀인이 내게 물었다.

"너, 어릴 적에 목사가 되겠다고 하지 않았느냐! 어차피 사는 것은 모험이다. 이렇게 살다가 어부로 죽을 수도 있고, 소원했던 하나님의 종이 될 수도 있다."

그 말을 듣고 "나는 일어섰다."

왜 성경에 있지 않은가? "그물을 버려두고 주를 쫓으니라."

그랬다. 그물을 버려두고 예수의 제자가 되기로 했을 때, 내 나이 스무 살이었다.

나이 스물에 고등학교 공부를 시작했는데 "아침 해가 뜰 때 제일 먼저 번쩍이는 돌"이 되었다. 새벽이면 일어나 운동장 가에서 단어를 외우고, 책을 읽으면서 공부했다. 공부를 마친 후, 이제는 "일어서 외치는" 돌이 되었다. 다음 세대 아이들 앞에 일어나서 외치는 돌이 되었고, 많은 성도들 앞에 일어나서 외치는 돌이 되었다.

내가 여기까지 오는 동안 도와준 분들이 얼마나 많았는지 모른다. 희생한 분들도 많았다. 무거운 짐을 이고 배추, 무를 팔아 학비와 생활비를 지원하면서 기도하셨던 어머니, 지금도 손을 잡으면 가뭄에 갈라진 논 같은 거친 손이 가슴을 아리게 하는 형, 그리고 이름도 없

땅끝에선 아이들 뇨오겠습니다

이 뒤에서 돕고 협력해주었던 수많은 성도들이 있었다. 그 분들의 사랑을 등에 업고, 나는 "외치는 돌"로 서 있다.

인도네시아 선교사로 가 있는 대학원 동기 김봉환 선교사의 편지를 한 통 받았다. 그 편지에 자신을 위해 기도해달라는 부탁과 함께 이런 기도문이 실려 있었다.

어부의 기도

주님, 저로 하여금
죽는 날까지 물고기를 잡을 수 있게 하시고,
마지막 날이 찾아와
당신이 던진 그물에 내가 걸렸을 때
바라옵건데,
쓸모없는 물고기라 여겨
내던짐을 당하지 않게 하소서.

정말 공감이 되는 기도였다. 바티칸의 시스티나 성당을 걸으며 벽화 '최후의 심판'을 보았을 때, 엽서 그림에서는 보지 못했던 장면이 있었다. 오른쪽 옆에 있는 나무에 젖은 물수건처럼 걸려있는 사람이 있었다. 안내자에게 화가가 누구를 생각하고 그린 것인지 물었더니 화가 자신을 생각하고 그렸다 했다. 미켈란젤로의 겸손이 느껴졌다. 그렇게라도 구원을 얻을 수 있다면 감사하겠다는 마음이 절절하게 전해져 코끝이 찡했다.

어부의 기도를 읽으며 나도 같은 마음이 들었다. 죽는 날까지 물고기를 잡을 수 있으면 좋겠다. 교회를 위해, 다음 세대를 위해 살다가 하나님 앞에 섰을 때 "쓸모없는 물고기라 여겨 내던짐을 당하지 않게" 되는 것만으로도 영광이겠다. 바라기는 우리 학교 학생들도 죽는 날까지 함께 물고기를 잡는 어부가 되면 좋겠다. 우리 학교, 모든 학생들이 사람 낚는 어부가 되어 충성스럽게 살아간다면 그 보다 더 큰 보람은 없을 것이다.

땅끝에선 아이들 또오겠습니다

31

학교 교육의 새 지평

하버드 대학에서 교수를 지낸 바 있는 헨리 나우웬은 경쟁성, 일방성, 소외성을 현대교육이 직면한 문제점이라 했다. 그리고 그 대안으로 '잠재력을 이끌어내기,' '쌍방성,' '현재성'을 제시했다.

학교는 경쟁적이다. 학교에서 시험을 치르는 근본 동기는 학습한 내용을 얼마나 숙지했는지 파악하여 미진한 학습을 보충하는 데 그 목적이 있다. 그러나 현재의 교육풍토에서는 그런 순진한 생각은 받아들여지지 않는다. 시험은 등수를 매기기 위한 것이다. 수능시험이 치러지고 나면 변별력에 대한 비판을 쏟아져 나오는데, 그 모든 이야기가 결국은 서열을 따져야 한다는 주장이다.

점수를 가지고 학생들을 줄 세우는 이 경쟁적인 풍토를 우리는 수수방관하며 바라보고만 있다. 시험만의 문제가 아니다. 학교생활 안에 깊숙이 들어와 있는 경쟁의식은 토론하는 자리에서도 여지없이 드러난다. 자신의 의견을 내놓고 방어하거나 남을 설득하여 이기는 데 모든 에너지를 결집시킨다. 이런 상황에서 인간의 가치는 우열로 나뉘게 마련이다. 서열화는 매우 당연해 보인다.

당연한 것처럼 보이는 서열화는 가정에서 자녀가 갖는 가치와 비교할 때 너무 어색한 개념이다. 자녀의 가치는 학교에서 얻는 성적과 일치하지 않는다. 반에서 35등이라 해서 집에서도 아이의 가치가 35번째는 아니다. 가정에서 자녀의 가치는 반에서 몇 등을 했느냐와 별 관계가 없다. 자식은 성취한 것에 의해 평가받기도 하지만, 존재 자체가 훨씬 가치 있기 때문이다. 결코 서열화할 수 없는 가치가 학교 교실 안에 있는 아이들에게 있다.

일방성도 문제다. 교실 안에서 선생님은 아는 분이고, 학생은 모르는 존재다. 지식을 갖고 있는 교사가 일방적으로 주입하고, 학생은 들어야 한다. 혹 질문이 있어도 질문하기 어려운 분위기다. 교육이 교사와 학생의 상호작용 혹은 쌍방적 소통이어야 하는데, 교실 분위기는 일방적으로 흘러간다. 소수 우월한 학생들, 선행을 하여 학습내용을 모두 숙지하고 있는 학생들을 대상으로 강의는 진행된다. 수업내용을 이해하기 어려운 학생들은 말을 꺼내기가 어렵다.

심각한 소외현상이 교육현장에서 진행되고 있지만, 이 문제를 수습하려는 분은 많지 않다. 수업이 쌍방적으로 변하지 않는 한 수업시간에 엎어져서 잠을 자는 학생들은 계속 늘어날 것이고, 교사들의 무력감도 깊어만 갈 것이다. 이런 상황을 극복하기 위해서는 학생은 선수가 되고, 교사는 코치가 되는 시스템의 변화가 필요하다.

땅끝에선 아이늘 또오겠습니다

독일 교육이야기란 책을 읽으면서 여러 가지 생각을 했다. 그 중 인상적인 것은 수학시간에 선행을 하지 못하게 하거나 구구단을 외우지 못하게 하고, 학생이 스스로 생각하여 문제를 풀도록 선생님이 계속 지켜보는 교실풍경이었다. 우리 같으면 답답하게 생각해서 문제를 쉬이 풀지 못하는 아이에게 바보, 멍청이라며 비난했을 것이다. 그런데 독일 사람들은 그렇게 하지 않았다. 학생이 스스로 풀 때까지 교사는 기다렸다. 그렇게 기다린 데는 이유가 있었다. 교사들이 일방적으로 학생들을 교육하여 엘리트를 양성한 결과가 좋지 않았던 것이다.

독일인들의 민족적 우월의식은 제2차 세계대전을 일으켜 다른 사람들을 괴롭히는 역사를 만들어냈다. 그런 역사적 실수를 반성하면서 독일인들은 교육부터 바꿨다. 쓸데없는 우월성을 조장하는 일방성을 버리고, 쌍방적 방법을 선택했다. 교육방법은 곧 내용이 되었고, 쌍방형의 교육풍토는 과거와는 다른 인간을 만들어냈다.

교육현장에서 일방성을 쌍방성으로 바꾸는 문제는 쉽지 않지만, 불가능한 것도 아니다. 교수 학습 방법을 강의 중심에서 토론중심으로 바꾼다든지, 교사가 세워놓은 진도 중심에서 학생들의 이해와 관심중심으로 바꾸면 된다. 교사와 학생의 관계를 수직적 관계로 만들지 않고, 수평적 관계로 만들면 교육은 얼마든지 쌍방성이 될 수 있고, 서로 소통되는 학습현장을 만들 수 있다. 사실 어떤 지식은 교사가 더 많이 알고 있지만, 어떤 지식은 학생들이 더 많이 알고 있다. 컴퓨터와 IT에 관련된 정보와 기술은 학생들이 훨씬 더 많이 알고 있다. 수업시간을 서로 배우는 시간으로 기획한다면, 수업은 얼마든지 쌍방적이 될 수 있고, 학습현장은 보다 행복해질 것이다.

소외성도 교실이 갖고 있는 약점이다. 수업은 그 주체가 학생임에도 불구하고 학생은 소외되어 있다. 학습내용이 학생보다 우위에 있기 때문이다. 내용을 얼마나 숙지했느냐에 따라 장차 갈 대학이 정해지고, 더 풍족한 인생이 보장된다고 생각하기 때문에 학생은 소외되고, 학습내용이 주인이 된다. 자연히 학생들은 학습내용을 외우고, 반복하여 숙지한다. 이러한 학습은 학생을 철저히 소외시킨다.

학생의 흥미나 관심은 안중에 없다. 배우고, 깨닫는 즐거움도 찾기 어렵고, 수많은 정보와 지식을 암기하여 시험을 볼 때 꺼내서 사용할 수 있는 준비에만 몰두한다. 이런 교육을 '은행저축식 교육'(Banking Education)이라 부른다. 돼지저금통에 동전을 넣다가 어느 때가 되면 잡아서 안에 든 내용을 모두 꺼내는 것과 같은 형식이다.

돼지저금통은 말이 없다. 그냥 받아들이기만 할 뿐이다. 수능시험을 보는 날까지, 대학에 합격하는 날까지 계속 지식을 주입하는 현재의 중, 고등학교 교육이 정말 바람직한 것일까?

여기 매우 중요한 질문이 하나 있다. 그렇게 열심히 공부하던 아이가 오늘 죽으면 어떻게 되는가? 수능도 보지 못하고, 대학도 들어가지 못한 채 세상을 떠난다면 미래 언젠가를 위해 준비한 것은 어떻게 되는가? 허망한 일이 아닐 수 없다. 그러므로 지금, 여기에서 배우는 즐거움을 누릴 수 있는 공부가 되어야 한다. 그렇다고 미래는 고려하지 말아야 한다는 뜻이 아니다. 미래를 염두에 두더라도 공부하는 현재의 즐거움을 빼앗아버리면 안 된다는 이야기다.

많은 대학생들이 자신의 학과 공부는 제쳐두고, 취업준비에 몰두한다. 물론 취업을 해야 할 것이다. 좋은 직장에서 일해야겠지만 대학이 그것을 위해 존재하는 것은 아니다. 자기 공부를 해야 한다. 공부하는 것 자체가 즐거움이 되고, 성장이어야 한다. 지적이고도 정신적인 성장이 공부하는 가운데 일어나야 한다. 엄밀히 말하면 공부는 취업을 위한 것이 아니라, 자기성장을 위한 것이다. 미래 언젠가를 위해 오늘을 희생하도록 요구하는 은행 저축식 교육은 지양되어야 한다. 학습하는 이 순간이 즐겁고 행복한 공부, 현재도 의미 있는 공부를 할 때 교실은 활기를 되찾게 될 것이다.

학교 교육은 어디로 가야 하는가? 학생이 주인이 되는 방향으로, 학습자가 주인이 되는 방향으로 가야 할 것이다. 사람이 중심에 서는 교육, 학생들이 중심에 서는 학교가 될 때 학생들도 살아나고, 학교도 제 기능을 다 하게 될 것이다.

우리의 교육현실을 바라보면서 나는 다섯 가지 이슈를 중심으로 새로운 교육의 지평을 열어가고 있다.

첫째, 그리스도의 제자를 기르는 학교
둘째, 사교육이 없는 학교
셋째, 잠재되어 있는 재능을 계발해주는 학교
넷째, 개인차를 고려하여 교육하는 학교
다섯째, 폭력이나 왕따 문제없는 학교

첫째, 한국에 많은 미션스쿨이 있다. 미션스쿨은 교회가 선교를 위해 세운 학교다. 미션스쿨들은 처음에 사립학교로 출발했는데, 평준화정책으로 인해 사립학교가 공립학교나 별반 다를 바 없이 되고 말았다. 설립된 본래의 목적을 실현할 수 없게 하는 여러 법안들이 만들어지면서 획일화되었다. 미션스쿨들이 정체성을 잃어버린 것이다.

중학교에 갔다가 놀란 것은 학생들이 하는 말 대부분이 욕설이었다. 생각이 더럽고 부정적이어서 그런 말을 쓰는 것 같지는 않았다. 친구들이 모두 욕으로 말을 하니까 섞이기 위해서 그런 것 같았다. 그런데 무서운 것은 욕설로 말하기를 계속하면 어느덧 자신도 그런 사람으로 변한다는 사실이다. 언어가 존재를 결정하기 때문이다.

어떤 직장 여성이 하는 말을 들었다. 직장동료들끼리 모이면 이런저런 험담을 하게 되는데 자연히 시댁 이야기를 하게 되었다. 자기 시어머니는 그렇게 나쁜 분이 아니었는데 끼려고 하다보니까 더불어 욕도 하고 시어머니를 나쁘게 말했다. 그러면서 점점 시어머니와의 관계가 나빠졌다. 끼어 놀기 위해서 시작한 것인데, 의도와는 달리 시어머니와의 관계가 놀라울 만큼 심각해지고 말았다고 했다.

아마 청소년 아이들도 그럴 가능성이 높다. 처음에는 어울리기 위해 욕도 하고, 더러운 말을 했는데 점차 생각이 지저분해져 가는 자신을 발견하게 된다. 이런 현실 속에서 학생들을 건져내어 세속에 물들지 않도록 아이들을 지키고, 기독교적 세계관을 갖고 성장하도록 지도하는 것은 매우 중요한 일이다.

일주일 대부분을 학교에서 보내다 하루 교회에 와서 신앙생활을 하는 것만으로는 그리스도의 사람으로 양육하는 데 한계가 있다. 한 주

땅끝에선 아이를 또 오겠습니다

간 내내 하나님과 동행하는 삶을 살도록 훈련시키면, 장차 성인이 된 다음 하나님 나라를 위해 한 몫을 감당하는 좋은 일꾼이 될 것이다.

둘째, 사교육 문제에 대해 생각해보자. 공부가 부족해서 사교육의 도움을 받는 것은 자유 민주국가에서 반대할 수 없는 일이다. 다만 그로 인해 공교육 자체가 절름발이처럼 되는 현상, 선생님은 존경받지 못하고 학교가 하나의 수단으로 전락되는 현상은 반드시 극복되어야 한다.

학부모들의 근심과 염려를 덜어드리는 근본적인 방법은 사교육 없이도 자녀들이 공부를 잘하는 학교를 만드는 것이다. 공부를 잘하는 학생이나 못 하는 학생이나 모두 구체적인 돌봄을 받으면서 자기가 하고 싶은 공부를 잘하게 되는 학교가 필요하다. 학생이 갖고 있는 관심사와 능력에 따른 학습내용이 주어지면 사교육으로 인해 고통 받는 경제 주체도 줄어들고, 학생들도 좀 더 수월한 삶을 살아갈수 있게 될 것이다.

셋째, 잠재된 재능이 계발되도록 돕는다. 교육이라는 단어는 영어로 Education이다. educare라는 라틴어에서 온 단어다. 라틴어 e는 밖으로라는 뜻을 가진 ex에서 왔고, duc는 make(만들다) 혹은 lead(인도하다)이다. 여기서는 lead의 의미로 사용되었으므로 교육은 '밖으로 이끌어내다'는 어원적인 의미를 갖는다. 어원적으로 볼 때 교육은 잠재된 학생의 능력을 밖으로 이끌어 내주는 활동이다. 학생 안에 잠재된 능력을 밖으로 끄집어 내주고, 세속에 물들어 있는 아이들을 밖으로 끄집어내는 것이 교육이라 하겠다.

문제는 원래의 취지를 무색하게 만들어 교육이 '이끌어내기' 보다는 '주입'하려고 한다는 데 있다. 학생 안에 내재된 재능을 끄집어내기는커녕 주입하려고 한다는 데 있다. 학교를 가도, 학원을 가도 계속 지식을 주입하려 하고, 학생들은 그것을 받아들여야 한다. 그렇게 하지 않으면 시험에서 좋은 성적을 거두지 못할 가능성이 높고, 시험에서 좋은 성적을 얻지 못하면 상급학교로 진학할 때 불이익을 당할 가능성이 높기 때문이다.

교육학자 리브스(R. H. Reeves)의 동물학교 이야기가 있다. 급변하는 환경에 적응할 수 있게 하려고 동물나라에서 학교를 설립했다. 이 학교에서는 달리기, 점프, 수영, 기어오르기가 필수과목이었는데 토끼는 달리기를 잘하지만, 수영에 낙제를 해서 재수강을 해야 했고, 오리는 수영에서 뛰어난 기량을 발휘했지만, 달리기 시간엔 웃음거리가 되었다. 다람쥐는 기어오르기에 자신이 있었지만, 점프과목에 낙제를 받아 고액과외까지 받아가며 연습을 했지만 성적이 오르지 않자 점점 흥미를 잃어갔다. 독수리는 획일화된 수업을 거부해 징계를 받아 문제 학생으로 낙인찍혔다. 문제점을 지적하는 동물들이 많았지만, 잦은 제도변화는 혼란을 가져올 수 있다면서 기존의 시스템을 바꾸지 못한 채 시간이 흘러 졸업식을 맞게 되었다. 최우수학생으로 뱀장어가 선정되었는데 이유는 '특별히 크게 뒤지는 과목이 없었기 때문'이었다.

이 이야기가 우리에게 교훈하는 것은 학생을 틀 속에다가 집어넣으려고 하지 말고, 학생 각자가 잘 할 수 있는 것을 하도록 도와주어야 한다는 것이다.

땅끝에선 아이들 또오겠습니다

넷째, 개인차를 고려하다. 학습에는 개인차가 있다. 주어진 학습 내용을 잘 따라가는 학생이 있는가 하면 그렇지 못한 학생이 있다. 산만해서 그런 경우(slow learner)도 있고, 늦되어서 그런 경우(late bloomer)도 있다. 산만한 학생의 경우 다시 집중력을 되찾을 수 있도록 여러 방편으로 도와야 하고, 늦되는 아이는 기다려주어야 한다.

신체의 발달이 더뎌서 학습이 어려운 것은 학생 본인의 잘못이 아니기 때문이다. 그럼에도 마치 학생에게 잘못이 있는 것처럼 비난하고 책망한다면 아이들은 애매히 고난 받는 상황이 된다. 학생 개인마다 성장의 속도와 정도에 차이가 있다는 것을 인정하고, 그에 걸맞게 지도하는 친절함이 어른들에게 필요하다.

뿐만 아니라, 영어는 잘 하지만 국어는 못하는 학생, 국어는 잘 하는데 수학은 못하는 학생, 수학은 잘 하지만 영어는 못 하는 학생 등 다양한 형태의 학생들이 있다. 모든 과목을 다 잘해주면 좋으련만 그렇지 못한 게 현실이다. 학생들을 보다 효과적으로 지도하기 위하여 개인차를 존중해야 한다. 학생 각자가 갖고 있는 능력과 학습정도에 차이가 있으므로 그런 차이가 존중되어져야 한다.

모두가 일등이면 얼마나 좋겠는가! 열심히 공부해서 저 밑바닥에 있는 아이들이 모두 저 꼭대기까지 올라가면 얼마나 좋겠는가! 그러나 모든 아이들이 그 꼭대기에 올라갈 수 있는 것은 아니다. 또 그럴 필요도 없다. 소수의 학생들이 거기 올라갈 수 있고, 대부분의 아이들은 자기 능력에 맞는 자리를 차지한다. 우리는 그것을 인정해야 한다. 중요한 것은 꼭대기까지 올라가는 것이 아니라, 자기 공부를 행복하게 하는 것이다. 자기 공부를 즐겁게 하여 세상에 공헌할 수 있는 사람이 되게 하는 교육이 필요하다. 개인의 능력과 관심의 차이를 고려한 교육이 필요하다. 우리는 그 방향을 향해 걸어가고 있다.

다섯째, 심한 따돌림과 폭력문제는 일반학교에서 이미 심각한 문제가 된 지 오래다. 자신과 실력이 다른 아이, 성격이 다른 아이, 생활방식이 다른 아이를 따돌리는 문화는 잘못된 것임에도 불구하고 고치기 어려운 것이 현실이다. 따돌리는 문제를 수습하기 위해 가해학생들을 불러 설득하거나 친구들이 함께 하는 여러 프로그램을 통해 서로를 존중하는 훈련을 해야 한다. 폭력문제도 스포츠 활동이나 감정표현훈련을 통해 선행적으로 조치하면 얼마든지 조기에 수습할 수 있다.

나는 학생들이 변하고 있음을 실감한다. 우리가 중, 고등학교를 다닐 때만 해도 선생님이 정해진 틀 속으로 들어가라고 하면 모두 순종하여 들어가고 몇 명의 학생만 불순종했다. 요즘은 상당히 많은 학생들이 선생님이 지시하는 틀 속으로 들어가지 않는다. 여전히 순종적인 학생들이 있지만, 자기주장이 분명한 학생들이 많아졌다. 그런 아이들을 모두 일반 학교에서 품기에는 학생들이 많이 변했다. 그것은 가정교육을 비롯한 사회의식 전반이 달라졌다는 뜻이기도 하다. 이런 학생들을 위해서 대안이 필요하다. 그런 학생들도 모두 우리의 자식이요, 대한민국 국민이기 때문이다.

어떤 학생들에게는 일반학교가 맞지 않는 상황이 되었다. 분명한 것은 일반학교에 다니는 학생도, 특목고에 가는 학생도, 그리고 대안학교에 가는 학생도 모두 우리의 자식이요, 이 땅을 지켜나갈 다

땅끝에선 아이들 또 오겠습니다

음 세대라는 것이다. 그들 모두를 위한 지원과 제도적 뒷받침은 그리 어려운 문제가 아니다. 그럼에도 대안학교에 다니는 학생들을 위한 제도적 뒷받침은 전무한 상태다. 대안교육이 학교교육의 또 한 축을 맡고 있음에도 제도적인 뒷받침을 해주려는 국가적인 노력이나 성의를 찾아보기 어려운 상황이다. 나는 이런 문제와 관련하여 헌법소원을 내고 싶은 마음이 있었다. 국가가 하는 교육재정 지원을 인가된 학교기관에만 하는 것이 과연 타당한가라는 생각 때문이었다. 학습을 하는 주체인 학생이 선택한 학교에 (그것이 일반학교든 대안학교든지) 재정적 지원을 하는 것이 타당하지 않는가 하는 고민이었다. 지금처럼 국가기관이 정한 틀 안에 들어올 때만(학교 소유의 건물이 있는 경우에만) 지원하고 그렇지 못한 경우에는 방치하여 아무런 책임도 지지 않는 것은 약자와 소수자에 대한 권위주의적 횡포라 여겨졌기 때문이다.

학교교육에 새로운 지평이 열려야 한다고 생각한다. 학생이 주인이 되고, 학교는 학생들을 섬기는 공간이 되어야 한다. 그리고 학생들의 욕구와 필요를 따라 다양한 형태의 학교가 존재해야 한다고 생각한다. 하나님의 아이들이 저마다의 소질을 따라 성장하여 행복한 개인, 사회에 공헌하는 사람으로 성장케 하는 교육의 새로운 지평이 준비되어야 한다.

32
기쁨으로 단을 거두리로다

내가 아는 어떤 청년이 대학을 졸업하고 대기업에 취직했다. 연봉이 4천만 원을 넘었다 하는데 어느 날 어머니가 딸아이 카드명세서를 보고 깜짝 놀라 회사를 그만두게 했다. 월급을 타서 어머니에게 주는 것도 아니고, 혼자 다 쓰는데 천만 원 가까운 빚이 있었다. 딸이 돈 관리를 잘못하고 있는 것을 발견하고, 그런 상태로 회사를 다니는 것은 의미가 없다고 판단했던 것이다.

좋은 대학을 나오고, 좋은 회사에 취직해서 월급도 많이 받는데 왜 이런 일이 발생한 것일까? 어려서부터 경제에 관한 개념을 심어 주지 못했기 때문이다. 돈이 무엇인지, 돈을 벌어 어떻게 써야 하는지 가르치는 일은 어떤 공부보다 중요한데 우리는 그저 공부만 열심히 하라고 가르친다. 그 결과 막상 돈을 벌기 시작했을 때, 돈을 어떻게 써야하는 지에 대해서는 막막해 한다. 재무관리에 대한 훈련을 받지 못했기 때문이다.

유대인들은 한 아이가 성년이 되는 성인식을 치를 때 축의금을 건네고, 어른들은 그 돈을 잘 관리하도록 아이들을 격려하고 지원해준다. 대학을 졸업하고 사회로 나갈 때쯤 되면 목돈이 마련되고, 이는 출발부터 유리한 고지를 점하게 해준다. 우리는 아이들이 공부만 잘하면 된다는 식으로 가르치는데 정말 그러한지 고민해봐야 한다. 결국 학교를 졸업하고 나서 하는 모든 일은 돈 버는 것과 직결되어 있기 때문이다. 어려서부터 경제개념을 갖고 성장해야 커서도 번 돈을 잘 관리하게 된다.

내 동생은 대학을 다닐 때 주식회사 대성에서 주는 장학금을 받았다. 어렵던 시절 그 장학금은 우리에게 얼마나 큰 힘이 되었는지 모른다. 고맙고 감사한 마음이 늘 있었는데 내 사무실 건너편에 대성 본사가 있다는 것을 알게 되었다. 비서에게 전화를 걸어 약속을 정하고 회장님께 감사인사를 드리러 간 적이 있었다. 회장님이 계신 사무실로 안내되어 들어갔는데 좀 놀라운 장면이 펼쳐졌다. 변변한 소파 하나가 없었다. 회장님은 싸구려 테이블과 철제 의자에 앉아서 사무를 보고 있었다. 놀라는 나를 보시더니 그렇게 사는 이유를 설명해주었는데 평생 잊을 수 없는 말씀을 하셨다.

"목사님, 저는 제가 가지고 있는 것의 주인이 아닙니다. 저는 관리자에 불과합니다. 저희가 드린 장학금이 도움이 되었다니 참 다행입니다. 그러나 그것은 제 돈이 아니고, 하나님의 것입니다. 오시지 않아도 되는데 이렇게 와주셔서 고맙습니다."

돌아오는데 회장님이 직접 아래층 현관까지 나와서 배웅을 해주셨다. 마음속 깊은 곳에서 존경심이 우러났다. 돈에 관한 우리의 태도를 분명히 해야 한다고 생각한다. 가진 것의 관리자가 되는 것, 돈에 대한 청지기의식을 갖는 것, 그것이 학생들에게 심어주어야 하는 가치관이다. 나는 우리 학교에서 가치가 무엇인지, 무엇이 가치 있는 것인지 가르치고 있다.

우리는 흙이 주는 다양한 선물을 먹고 산다. 우리가 먹고 사는 것 대부분이 빛의 열매이거나 흙의 열매다. 그런데 흙의 효용은 여기에서 끝나지 않는다. 흙을 가지고 그릇도 만들고, 심지어 철보다 더 단단한 제품을 만들 수도 있다.

그 뿐 아니라, 인간도 흙덩이다. 창세기 2장 7절에 "여호와 하나님이 땅의 흙으로 사람을 지으시고 생기를 그 코에 불어넣으시니 사람이 생령이 되니라."고 했다. 사람이 흙으로 만들어진 것이다. 인간은 흙에서 왔고, 흙으로 돌아갈 운명을 가진 존재다.

그러면 인간의 존엄성은 어디에 있는 것인가? 하나님의 형상에 인간의 존엄성이 있다. 그가 장애인이냐, 비장애인이냐는 문제가 되지 않는다. 소유가 얼마냐 하는 것도 중요하지 않다. 중요한 것은 사람 안에 있는 하나님의 형상이다. 하나님의 형상이 인간 안에 있기에 인간은 존엄하다.

"우리가 이 보배를 질그릇에 가졌으니 이는 심히 큰 능력은 하나님께 있고 우리에게 있지 아니함을 알게 하려 함이라."(고후 4:7)고 바울은 고백했다. 인간은 비록 흙덩이요, 깨지기 쉬운 질그릇 같은 존재지만 그 안에 보배가 들어 있다. 흙덩이에 불과한 우리 안에 보배이신 하나님이 계시다는 사실을 인식하게 되면 우리는 능력 있는 삶을 살아갈 수 있다. 이런 인식의 변화가 교육에서 가장 중요한 대목이라 믿고 있다. 하나님의 모습을 가진 존엄한 존재라는 의식을 갖게 하는 것이 우리가 지향하는 첫째 되는 가치이다. 그 다음으로 중히 여기는 가치는 도덕성에 관한 것이다.

세상에는 다양한 사람들이 있다. 저마다 그릇도 다르고, 능력도 다르다. 다양한 사람들이 섞여 살고 있는데 어떤 사람이 쓰임 받을까? 디모데후서 2장 20~21절에 "큰 집에는 금 그릇과 은그릇 뿐 아니라, 나무 그릇과 질그릇도 있어 귀하게 쓰는 것도 있고 천하게 쓰는 것도 있나니 그러므로 누구든지 이런 것에서 자기를 깨끗하게 하면 귀히 쓰는 그릇이 되어 거룩하고 주인의 쓰심에 합당하며 모든 선한 일에 준비함이 되리라." 하는 말씀이 있다. 자기를 깨끗하게 하는 사람, 높은 도덕성을 가진 사람이 쓰임 받게 된다는 말씀이다. 그릇만 준비하면 될 것 같은데 도덕성이 없는 사람, 그릇이 깨끗하지 않는 사람은 쓰임 받기 어렵다. 현대사회를 사는 이들에게 도덕성은 참으로 중요한 덕목이 되었다. 능력도 있어야 하지만, 도덕성을 갖추지 못하면 쓰임 받기 어려운 것이 우리가 살고 있는 세상이다.

능력과 더불어 도덕성을 갖춘 사람이 되게 하려고 우리는 다양한 활동과 역경 극복 프로그램을 운영하고 있다. 현재의 학교제도는 학생들을 문자 학습에만 묶어두고 특정한 지식만 주입하려고 한다. 아침부터 저녁 늦은 시간까지 오로지 문자로 된 책만 들여다보게 하는 것은 아이들에게 못할 짓을 시키는 것 같다. 아이들은 활동을 통해 더 잘 배운다. 그런 아이들을 의자에만 묶어둔 채 과거의 지식만 주입하려드는 것은 뭔가 중요한 것을 놓치고 있다는 생각이 든다.

한 때 우리는 성장하는 아이들의 애국심을 걱정한 적이 있다. 그런데 2002년 월드컵을 치르면서 우리 아이들 안에 또 다른 형태의 애국심이 있다는 것을 발견했다. 어쩌면 전쟁을 경험한 세대보다 더 강력한 애국심이 성장하는 아이들 안에 자리하고 있다. 놀 수 있는 마당을 마련해주자 아이들은 신명나게 놀면서 뜨거운 애국심을 보여주었다.

학습을 교실 안에 국한하는 것의 한계를 보고 있다. 아이들을 감동시키는 교육, 세상으로 나갔다가 힘든 일이 있으면 다시 돌아와서 에너지를 보충하고 돌아갈 수 있는 충전소 같은 학교를 만드는 것은 불가능할까?

토요일 오후, 도서관으로 들어가는 복도에 자판기와 물통 같은 게 놓인 자리가 지저분해서 청소를 하고 있었는데 한 여학생이 문을 열고 들어오는 것이 느껴졌다. 허리를 펴고 입구 쪽을 보니 중도에 학교를 그만 둔 여학생이었다. 학교를 그만두고 학원에 다니고 있었는데, 소식도 없이 찾아왔다. 문을 열고 들어오다가 나를 보는 순간 와락 안겨 흐느껴 울기 시작했다. 매우 서글프게 울어서 떼어놓지를 못하고 다독거리며 진정되기를 기다렸다.

한 10분을 그렇게 운 다음 아이는 "목사님, 힘들면 또 올게요."라는 말 한 마디만 남기고, 그냥 돌아서서 갔다. 안녕하시냐고, 별 일은 없으시냐고 물어볼 만한데 일체 그런 말도 없었다. 힘들면 또 오겠다고 말하는 아이에게 그러라고, 언제든지 또 오라고 격려하며 돌려보냈는데 코끝이 찡했다. 학원생활이 개인적으로 힘들었던 모양이었다. 어디 가서 실컷 울기라도 했으면 하고 생각했던 것 같은데, 갈 곳이 마땅치 않았던 것 같다. 전에 다니던 학교에 왔고, 나를 만나자 한참 안겨 울다가 돌아갔다.

그 일은 나에게 많은 생각을 하게 했다. 어른들도 힘든 세상이지만, 아이들도 힘들다. 어른들은 힘들면 술도 마시고, 또 교회 와서 기도도 하지만 아이들은 갈 곳이 없다. 갈 곳 없는 아이들이 전에 다녔던 학교를 찾아와서 한참 앉아 있다 돌아가는 것, 선생님을 만나 소리 없이 울다가 가는 것, 그것만으로도 위로가 될 수 있다면 그런 학교는 참 좋은 학교라 생각한다.

손톱을 물어뜯으며 집중하지 못하는 아이가 있었다. 이 학생은 타인에 대한 관심이 없었기 때문에 친구가 인사를 하고 지나가도 상대방이 누군지 알지 못했다. 두려움에 질린 얼굴로 복도를 지나다녔는데 나는 그 아이를 볼 때마다 안아주면서 사랑한다고 말해주었다.

낯선 포옹에 처음에는 매우 당황해 했다. 얼굴에서 기쁨이라곤 찾아볼 수 없던 아이를 매일 안아주면서 격려하자 처음에는 "변태"라며 물리치던 아이가 점차 달라지기 시작했다. 불과 두 달도 되지 않았을 때, 그 아이는 먼저 나를 꼭 껴안았다. 얼굴에는 희색이 돌기 시작했다.

그 아이는 학교에서 속상한 일이 있으면 그 날 풀지 못했다. 뒤끝

261
32. 기쁨으로 단을 거두리로다

이 있었다. 다음날도 어제 이야기를 하며 기분 나빠했다. 지난주에 있었던 일도 마음에서 정리가 되지 않으면 계속 투덜거리는 소재로 삼았다. 그런 아이의 말을 들어주고 또 들어주었다. 어떤 때는 얼마나 화가 났느냐며 공감해 주었다. 그랬더니 변화가 나타났다. "힘들다"는 말을 입에 달고 살던 아이가 어느 때부터 "행복하다"고 말하기 시작했다. 변화는 학교에서만 일어난 것이 아니었다. 가정에서도 아이가 달라지기 시작했다. 그 아이 아빠가 이렇게 말했다.

"목사님! 참 오랜만에 가족이 함께 웃었습니다. 도대체 이게 얼마만인가 싶어 눈물이 났습니다."

내가 출타하고 없던 어느 날 그 아이가 속상한 일을 만났던 모양이다. 교무실 문을 열어 젖히더니 다짜고짜 고함을 치며 묻더란다.

"안아주는 목사님 어디 갔어요?"

그 아이는 몇 개월이 지나도록 내 이름도 몰랐던 것이다. 그러나 그게 무슨 상관인가? 자신이 직면한 문제를 수습하기 위해 누군가를 찾아왔다는 것이 소중했다. 나를 도와줄 사람이 있다는 느낌을 갖게 된 것이 중요했다. 나는 우리 아이들을 있는 그대로 받아들이려고 무릎을 꿇고 기도한다. "나는 날마다 죽는다."(고전 15:31)고 고백했던 사도 바울의 뒤를 따라 나는 죽고, 그리스도께서 사시기를 매일 기도한다.

나는 죽고, 그리스도께서 살아 계셔서 학생 모두가 가치있는 존재로 존중받고 있음을 느끼게 되었으면 좋겠다. 학생들이 학교에서 사랑을 느끼면서 얼어붙어 있던 마음이 녹아지고 묻혀있던 재능이 꽃피는 계기를 얻게 되었으면 한다.

땅끝에서 아이들 또오겠습니다

교회에서는 흔히 은혜 받았다는 말을 한다. 은혜 받았다는 말은 무슨 뜻인가? 모르던 것을 알게 되었단 말인가? 아니다. 알고 있었지만 행동으로 옮기지 못했는데, 가슴이 뜨거워지면서 실천할 에너지를 얻었다는 말이다. 얼었던 마음이 녹아지는 일이 필요하다. 닫혔던 마음이 열리는 일이 필요하다. 그런 역사는 구체적인 사랑을 통해서만 가능해진다.

공부를 한다는 것은 무엇이 가치 있는 것인가를 배우는 것이다. 더 가치 있는 것이 무엇인지 선별할 수 있는 능력을 기르는 것이 교육하는 이유다. 그런데 현재의 교육은 돈만 가치 있다고 가르치는 것 같다. 더 좋은 대우를 받는 것만 가치 있다고 교육하고 있다. 이런 현실을 바라보면서 우리는 기독교적 가치교육을 새롭게 조명하고 있다. 인간 존재의 존엄성과 도덕성을 갖춘 재능인을 길러내고자 노력하고 있다. 내용적으로, 방법적으로 기독교적 가치가 학생들의 몸에 배게 하고 있다. 그 소중한 역사를 위해, 우리는 오늘 여기서 한 알의 씨앗을 심고 있다. 울며 씨를 뿌리러 나가는 자는 정녕 기쁨으로 단을 가지고 돌아온다고 하셨기에 그 말씀을 믿고, '기독교적 가치'라는 씨앗을 자라나는 아이들의 심비에 심고 있다. 틀림없이 싹이 나고, 꽃이 피고, 열매가 맺게 되리라 믿는다.